**María Dolores Moreno López**

# PRIMEROS AUXILIOS PSICOLÓGICOS

FORMACIÓN
ALCALÁ

Se terminó de imprimir en los talleres gráficos de Editorial Zumaque en
Polígono Industrial El Retamal, calle olivo 12, Alcalá la Real (Jaén)
en diciembre de dos mil veintitrés.

Su opinión es importante. En futuras ediciones, estaremos encantados
de recoger sus comentarios sobre este libro. Por favor, háganosla llegar a través
de la web: www.faeditorial.es

©Editorial: FORMACIÓN ALCALÁ.
Pol. Ind. El Retamal. Calle olivo 12.
23680 ALCALÁ LA REAL (JAÉN)
info@formacionalcala.com / info@faeditorial.es
www.formacionalcala.com / www.faeditorial.es
Tel. 953 58 53 30

1ª Edición: Diciembre 2023
ISBN: 978-84-19849-20-5
DL: J 613-2023

# ÍNDICE

# PRIMEROS AUXILIOS PSICOLÓGICOS

**"El sabio no atesora. Cuanto más ayuda a los demás, más se beneficia. Cuanto más da a los demás, más obtiene para él"**
**Lao-Tse**

# AUTORA

**María Dolores Moreno López**

Licenciada en Psicología (especialidad en clínica) por la Universidad de Murcia en 2012 y con un Master de Intervención Psicológica y salud Mental.

Amplia experiencia en psicoterapia de adultos e infanto-juvenil, asesoramiento psicológico y terapia grupal, así como en la elaboración de cursos y ponencias.

# 1. PSICOLOGÍA Y SITUACIÓN DE ESTRÉS

El termino *psicología* hace referencia a un término procedente de la tradición Griega, (alma) *psyche* y (estudio) *logos*, siendo por ello la Psicología la ciencia que estudia el *alma*. Su objeto de estudio es indagar en la mente del hombre y en sus procesos mentales tales como la cognición, las conductas y sus emociones de modo que pueda explicar cómo funciona el cerebro a nivel cognitivo así como encontrar el origen de los fenómenos mentales e intervenir en la conducta de los humanos.

Hoy en día en el mundo en el que vivimos ocurren diferentes tipos de acontecimientos que pueden ser angustiantes para los individuos, como desastres naturales (inundaciones, terremotos,...) guerras, accidentes (laborales, de tráfico...), incendios, violencia (sexual, física, emocional), etc. Todo ello puede afectar a comunidades, familias o individuos ya que una comunidad puede sufrir una guerra, una pandemia o un desastre natural y por ello perder sus hogares, sus trabajos y/o familiares, así como una persona puede ser víctima de violencia de género o sufrir bullying (acoso o agresión) en el colegio, en el trabajo o incluso dentro de su propio círculo de amigos.

Todo lo anterior puede dar lugar a una situación de crisis o emergencia. Slaikeu (1996) describe una *crisis* como *un estado temporal de trastorno y desorganización, caracterizado principalmente por la incapacidad del individuo para abordar situaciones particulares utilizando métodos acostumbrados para la solución de problemas, y por el potencial para obtener un resultado radicalmente positivo o negativo.*

Una crisis es todo aquello que altera el equilibrio normal del individuo debido a que éste no dispone de los recursos suficientes para hacer frente a la situación, viéndose desbordado por ello, afectando así al individuo a nivel físico, cognitivo y emocional.

Se pueden distinguir dos *tipos de crisis* (Slaikeu, 1996):

- *Circunstanciales.* Son aquellas cuyas características son:
  - Suelen ser repentinas, es decir aparecen de golpe.
  - No se pueden anticipar, por ello son inesperadas.
  - Ocurren de forma urgente provocando un gran impacto en el individuo a nivel físico, emocional y/o cognitivo.
- *De desarrollo.* Son aquellas que:
  - Forman parte del proceso de crecimiento y desarrollo del individuo.
  - Ocurre a lo largo de varios periodos de la vida.
  - Son continuas en el tiempo, es decir no ocurren de forma inesperada.

Es importante también establecer la diferencia entre 3 *conceptos* importantes (Marcuello 2006):

- *Emergencia:* Se define como una situación local que se resuelve con unos medios particulares, ejemplos de ello serían los accidentes de tráfico o accidentes laborales.
- *Desastre:* Aquel que puede ser originado de forma natural o provocado por el hombre, inundaciones, terremotos, incendios, etc. En este caso pueden existir mayores números de damnificados que pueden suponer un gran despliegue logístico.
- *Catástrofe:* Es aquel escenario que conlleva grandes pérdidas de vida así como materiales produciendo un gran impacto tanto a las personas que sobreviven a ella como aquellos que viven la tragedia desde la distancia, por ese motivo se necesita un gran despliegue logístico donde se activan los servicios sanitarios disponibles así como los Cuerpos y Fuerzas de seguridad del Estado y el Ejercito.

Un mismo acontecimiento de emergencia puede afectar de diferentes formas a la población ya que cada individuo reaccionará psicológicamente de forma diferente. Muchas personas pueden sentir miedo, confusión o inseguridad ante lo que está ocurriendo y no hacer nada ante la situación de crisis, sin embargo muchas otras pueden ser capaces de mover recursos y poder hacerle frente de forma eficaz. Algunas pueden sufrir reacciones leves y otras más graves, todo esto dependerá de varios factores como la naturaleza del acontecimiento, el apoyo familiar, la edad, la salud física, la cultura, etc. Sin embargo todas las personas disponen de recursos y capacidades para poder hacer frente a los desafíos de la vida.

## 1.1. REACCIÓN DE ESTRÉS

Cuando el cerebro detecta una amenaza, el hipotálamo (centro de control cerebral) puede activar tres ejes de respuestas distintas, produciendo distintas consecuencias para la salud. Estos tres ejes activación psicofisiológica son:

El *eje 1 o neural* es el primero en activarse ante una situación amenazante, provocando la activación del sistema nervioso autónomo, en su rama simpática y somática que a su vez producen:

- Aumento de la respiración.
- Aumento de la presión arterial.
- Tensión de los músculos.
- Midriasis (dilatación de la pupila).
- Enlentecimiento de la digestión.
- Disminución de la secreción de enzimas como la insulina.
- Relajación del musculo detrusor de la vejiga y contracción del esfínter uretral para ayudar a la detención de la producción de orina.

La activación de este eje es muy rápida ya que su función es la de dar una respuesta lo más pronto posible al acontecimiento estresante.

Por ejemplo, si vamos a cruzar un paso de peatones y vemos que un coche se acerca velozmente deteniéndose a escasos centímetros de nosotros, observaremos como nuestra respiración se acelera, nuestro corazón late más rápido de lo normal, nuestros músculos del cuerpo se tensan, nos sudan las manos, etc. Al pasar esta situación nuestro cuerpo volverá a la normalidad lentamente.

El *eje II o neuroendocrino* se activa cuando la situación amenazante perdura en el tiempo siendo además su activación más lenta, por otro lado este depende de cómo evalúe la persona la situación así como sus capacidades para poder hacerle frente, movilizando conductas motoras de afrontamiento ante los escenarios amenazantes. Un ejemplo, si el individuo piensa que es capaz de enfrentarse al peligro se pondrá en marcha este eje, pero si por el contrario percibe que las circunstancias le desbordan y que no puede hacer nada ante ella entonces actuará de forma pasiva soportando la situación de estrés y por consiguiente se activará el eje III.

*Al activarse el eje II* entrarán a trabajar las glándulas suprarrenales induciendo la secreción de noradrenalina y adrenalina provocando:

- Aumento de la presión arterial.
- Aumento del aporte sanguíneo al cerebro.
- Elevación de la tasa cardiaca.
- Estimulación de los músculos esqueléticos.
- Disminución del riego sanguíneo en la piel y en los riñones.

El *eje III o eje endocrino* se activa cuando el individuo cree que no dispone de estrategias para poder hacer frente a la situación amenazante y responde de forma pasiva ante él soportándola durante un periodo prolongado en el tiempo.

Un ejemplo sería aquella persona que no se encuentra bien en su trabajo porque su superior le habla mal, le amenaza continuamente con el despido, le presiona en su trabajo y le ridiculiza estando presente sus compañeros. Si este individuo en vez de hablar con el jefe y enfrentarse a la situación se queda paralizado soportando estas condiciones de forma constate, se producirá la activación de este eje porque la situación de estrés se está manteniendo en el tiempo y el individuo la soporta pasivamente.

Esto provocará en el sujeto la activación de:

- *Subeje adrenal-hipofisario:* Libera cortisol y cortisona provocando en el sujeto aumento de la irritación gástrica, supresión de los mecanismos inmunológicos, aparición de Herpes simplex, supresión del apetito, insomnio, etc.
- *Aumento de las hormonas tiroideas*, puede llegar a provocar hipertiroidismo
- *Secreción de vasopresina* que provoca retención de líquidos.

Es importante señalar que la activación del organismo ante una respuesta de estrés es diferente según las circunstancias e individuos ya que intervienen diferentes variables, como el hecho de que la situación se alargue en el tiempo, la forma que tiene la persona de evaluar estas situaciones, etc.

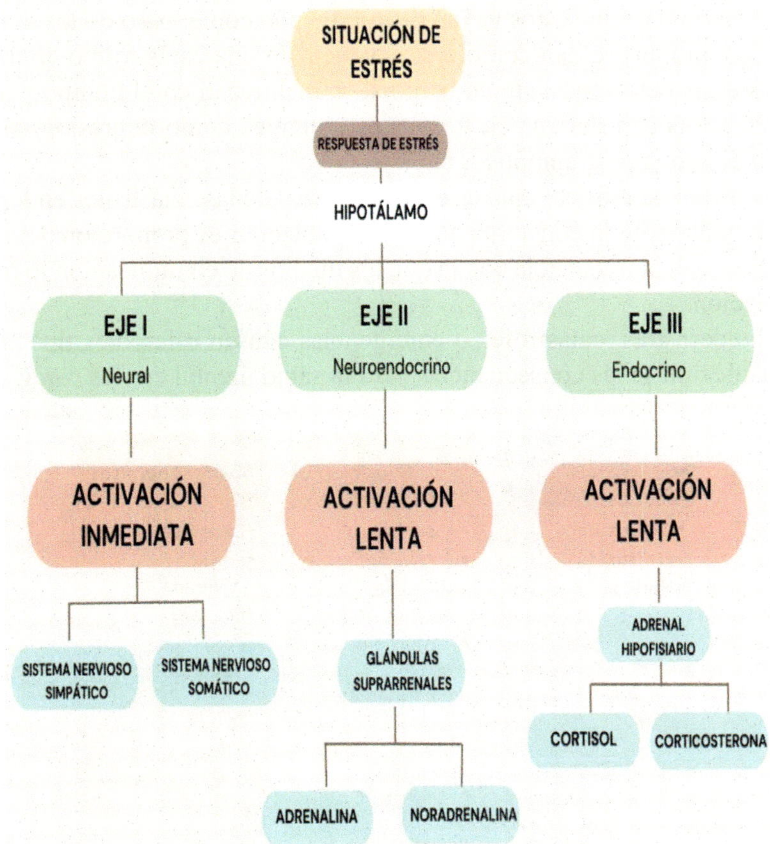


**Imagen 1.** *Activación del organismo ante respuesta de estrés. Elaboración propia.*

Como *reacción normal o esperable a una catástrofe* podemos observar:

- Temblores
- Dolores de cabeza.
- Sensación de agotamiento.
- Pérdida de apetito.
- Ansiedad.
- Miedo.
- Llanto, tristeza.
- Decaimiento.

Lo normal es que estos vayan disminuyendo con el paso de los días/semanas. Estos síntomas se dan como consecuencia de una catástrofe o crisis siendo normales estas reacciones, sin embargo si se mantienen en el tiempo y aumenta su gravedad pueden derivar en trastornos mentales como depresión, ansiedad, trastorno de estrés postraumático, etc.

Es difícil determinar cuál es el impacto real de las catástrofes en los individuos, habitualmente la consternación de la población es proporcional al número de fallecidos y a la frecuencia con la que los medios de comunicación lo trasladan a la población.

Los desastres, catástrofes o emergencias causan diferentes tipos de traumas, clasificándose las consecuencias para la salud mental en tres *categorías:*

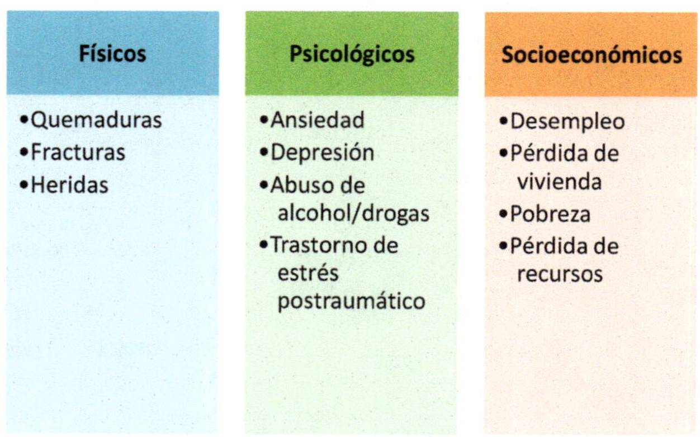


**Figura 1.** *Consecuencias de los desastres.*

En general también se puede mencionar que existen cuatro *tipos de reacciones* frente a los desastres o catástrofes:

### *Reacción normal*

Es aquella que ocurre cuando algunas personas mantienen la calma tras la crisis o situación de emergencia siendo capaces de movilizar recursos frente a estas situaciones.

Un ejemplo de esto ocurre cuando las personas ayudan frente a las catástrofes, o ante una situación de peligro inminente, el individuo es capaz de esquivarlo realizando una determinada acción.

***Reacciones paralizantes***

En estas circunstancias hay personas que se quedan paralizadas por un tiempo siendo incapaces de reaccionar, afectando ello a la conducta motora y cognitiva, estas pueden quedarse paralizadas en medio del caos siendo incapaces de actuar ante la situación.

***Reacciones hiperactivas***

Estas personas pueden mostrar mucha actividad motora sin un propósito definido, hablarán rápidamente, bromearán de forma inadecuada y harán sugerencias y demandas inaceptables.

***Reacciones corporales***

Algunas reacciones corporales han sido ya mencionadas como respuestas ante situaciones de estrés a corto y largo plazo. Las reacciones corporales más serias pueden incapacitar verdaderamente a la persona. Las náuseas, mareos y vómitos son particularmente comunes.

# 2. PRIMERA AYUDA PSICOLÓGICA

Desde siempre nuestros antepasados se han visto afectados por desastres ya sean naturales o por mediación del hombre. Se puede mencionar como tragedia el accidente de Chernóbil, este fue un accidente nuclear sucedido el 26 de abril de 1986 en la central nuclear Vladímir Ilich Lenin, donde 31 personas murieron por causa directa del accidente, alrededor de 135.000 personas tuvieron que ser evacuadas y años más tarde las consecuencias de este desastre aún siguen afectando a la salud de las poblaciones cercanas. Un acontecimiento más reciente es la erupción volcánica de La Palma en 2021 donde tras 85 días de actividad de dicho volcán se produjeron numerosos daños en edificaciones e infraestructuras, afectando principalmente al sector agrícola y al medio ambiente así como a la mayoría de la población de la isla ya que muchas personas perdieron sus casas siendo estas desalojadas de las mismas, y sin ir más lejos la reciente guerra de Rusia contra Ucrania donde miles de personas se han visto en la obligación de emigrar a otro país dejando atrás su vida, seres queridos y pertenencias debido a este conflicto.

Considerando la información anterior es importante pensar en los orígenes de los primeros auxilios psicológicos. El doctor Linderman tras estudiar a víctimas de un incendio en 1942 en el cual fallecieron 493 personas (Slaikeu, 1996) descubrió que la mayoría de esas víctimas desarrollaban problemas psicológicos; a raíz de este estudio Linderman concluyó que las personas disponen de una gran cantidad de recursos internos para hacer frente a las diversas crisis que se presentan a lo largo de la vida, sin embargo habrá personas que sepan utilizar esos recursos de forma eficaz y otros que no, pudiendo esto llegar a desencadenar una alteración en el individuo a corto y largo plazo.

Los *primeros auxilios psicológicos* (PAP) buscan ayudar de manera práctica y no invasiva, focalizándose en las preocupaciones, necesidades y recursos de las personas para así poder proporcionales ayuda lo antes posible.

La aplicación de los PAP consiste en ayudar a la persona de manera inmediata a atenuar los conflictos emocionales causados por la vivencia de situaciones traumáticas. Por lo tanto, se puede decir que la *primera ayuda psicológica* es aquella que se presta a las personas ante una emergencia o desastre. Estos se brindan cuando las personas sufren daños psicológicos como ansiedad, miedo, tristeza, llanto, desolación, etc.

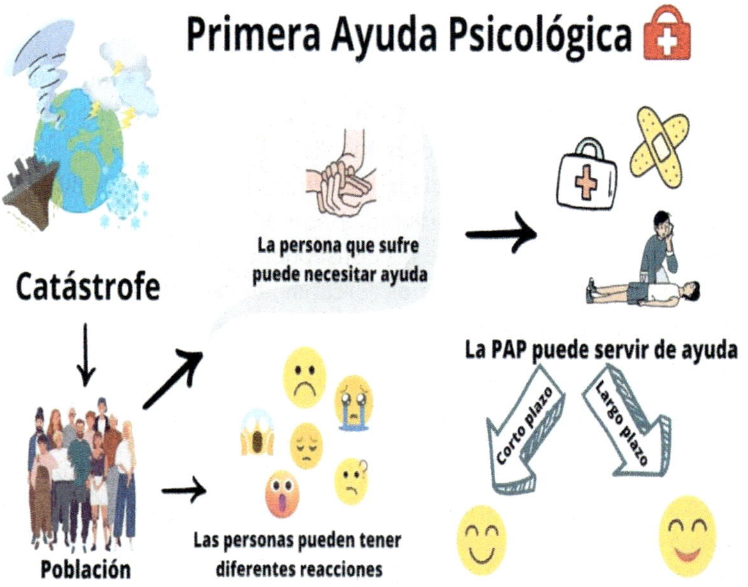


**Imagen 2.** *Primera ayuda psicológica. Fuente: Elaboración propia.*

La *primera ayuda psicológica* se puede definir como una respuesta humana, de apoyo humanitario a otro ser humano que está sufriendo y/o puede necesitar ayuda debido a que se encuentra en una situación de crisis o emergencia, con el objetivo de recuperar el equilibrio psicoemocional y prevenir la aparición de secuelas psicológicas tanto a corto como a largo plazo.

Múltiples organizaciones internacionales promueven la utilización de los PAP para prevenir futuros trastornos mentales de la población. Esfera (2011). Las *características* de esta son:

- Ofrecer ayuda de manera no invasiva.
- Evaluar las preocupaciones y necesidades del ser humano.
- Ayudar a las personas a atender sus necesidades básicas (comida, agua, vivienda...).
- Escuchar a las personas sin presionar para que hablen.
- Tranquilizar a las personas.
- Transmitirles calma y seguridad.
- Proteger a las personas de peligros.
- Ayudar a que los afectados tengan acceso a información, servicios y apoyos sociales.

La primera ayuda psicológica debe ser ofrecida por profesionales especializados en ellos, cualquier persona puede ofrecerlos siempre y cuando se haya formado previamente. No se considera un asesoramiento profesional, no es pedir a alguien que hable de sus emociones ni de solo escuchar como si de una confidencia entre amigos se tratase, ni presionar para que hablen, conlleva un trabajo mucho más profundo por parte de los profesionales.

Es sustancial aplicar los PAP desde un primer momento puesto que incluye factores que parecen ser de gran ayuda para la recuperación de los afectados a corto/largo plazo, se ha visto que ayudan a las personas a sentirse seguras, tener apoyo socioemocional, físico y sentirse capaz de ayudarse a sí mismos y a los demás.

La PAP se ofrece idealmente mientras está ocurriendo la situación de crisis, e incluso después de esta se puede realizar el seguimiento durante días, semanas, meses y seguir ofreciendo ayuda según duración y gravedad de la crisis.

El apoyo psicológico ante una catástrofe, desastre o situación de emergencia es fundamental para asegurar la supervivencia de la población. Las consecuencias físicas y psicológicas de estos eventos pueden acompañar a las personas durante toda su vida, y si estas no se afrontan adecuadamente pueden afectar de forma crónica a la persona.

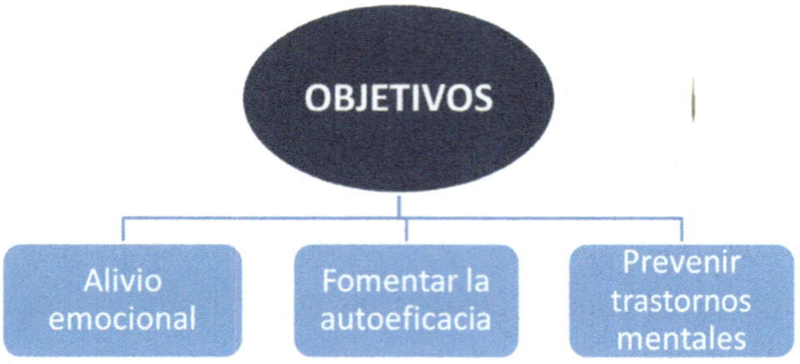


**Figura 2.** *Objetivos de la PAP.*

La primera intervención suele ser en el mismo lugar donde ha acontecido el evento (si es un lugar seguro) ayuda a entender que es lo que ha sucedido, libera tensiones y emociones, de ahí su importancia para el posterior desarrollo emocional.

Los *objetivos* de la PAP son:

- Ayudar a las personas a validar sus emociones y experiencias es importante, con ello estamos ofreciendo un alivio emocional inmediato, debemos permitirles que expresen sus sentimientos, que reconozcan su dolor haciéndoles entender que éste forma parte de la vida y enseñarles que sus emociones son válidas y comprensibles. Esto les dará una sensación de apoyo contribuyendo a procesar de forma saludable lo que han vivido.
- Facilitar la adaptación fomentando la autoeficacia. Esto le permitirá al individuo recuperar el sentimiento de control y empoderamiento de su vida incitándoles a realizar acciones que promuevan su bienestar emocional afectando positivamente a su confianza y resiliencia.
- Prevenir el desarrollo de psicopatologías. Trabajar desde el primer momento con personas que han sufrido una crisis o una situación de emergencia va a servir para prevenir futuros trastornos mentales como pueden ser trastornos de ansiedad, depresión, trastorno del estrés postraumático, etc.

Para que estos objetivos puedan cumplirse es importante tener presentes los *principios de la atención psicológica:*

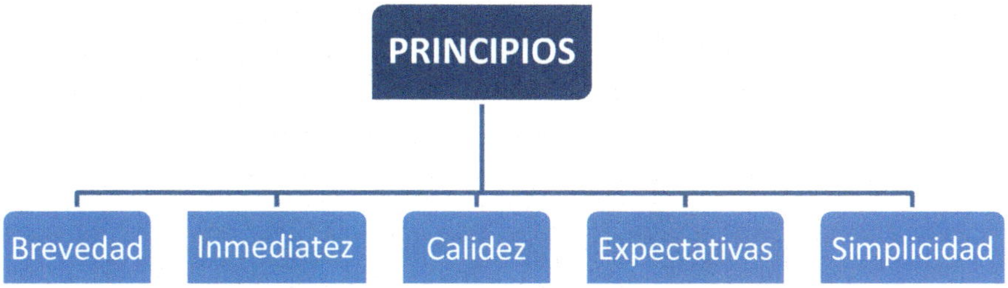


**Figura 3.** *Principios de los PAP.*

- *Brevedad:* La intervención de los profesionales de la salud ha de ser temporal para que las consecuencias y secuelas sean menores. Es substancial por ello recurrir a las habilidades sociales (escucha activa, empatía, hacer preguntas abiertas, etc.). Es trascendental hacerle entender a la persona que las reacciones emocionales que está sintiendo son normales, si se encuentra en estado de shock es importante acompañar hasta que la persona se encuentre ya en sí, después invitarle hablar de lo sucedido y de cómo se siente.
- *Inmediatez:* La inmediatez es la proximidad en el tiempo y en el espacio. Este principio es importante ya que permite a los afectados comprender cuanto antes qué ha sucedido y evitar trastornos psicológicos graves.
- *Calidez:* Este principio implica ser amable, cariñoso y cercano con el otro. Es importante que la persona afectada sienta que puede confiar en nosotros. El objetivo es hacer sentir al otro que nosotros podemos ofrecerle un contexto psicológico seguro.
- *Expectativas:* Este principio tiene un gran peso en las emociones y sentimientos de la persona afectada. Como consecuencia de la crisis las expectativas de los afectados puede verse desquebrajadas, por ello es importante transmitir seguridad y normalidad, es una reacción muy común puesto que los afectados pueden verse sin hogares, haber perdido familiares, etc. Es fundamental transmitir expectativas positivas con información real, por ejemplo informarles sobre los recursos materiales y sanitarios que tiene a su alcance, informar sobre la capacidad de resiliencia con la que contamos las personas, etc.
- *Simplicidad:* Es transcendental que los profesionales apliquen en ese momento técnicas rápidas y sencillas para optimizar el tiempo y recursos

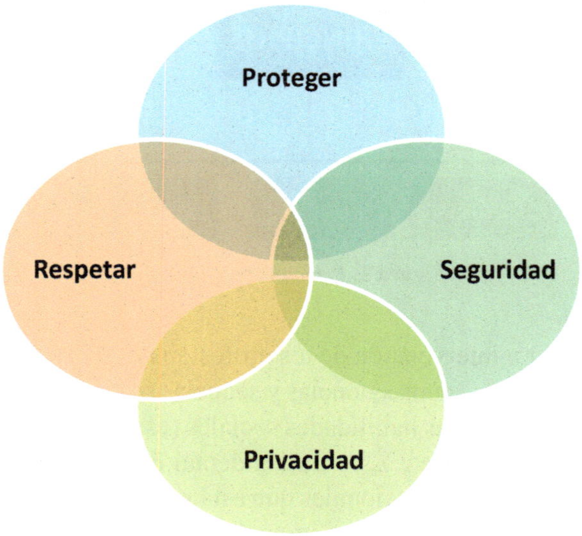


**Figura 4.** *Acciones antes de aplicar los PAP.*

disponibles en el contexto de crisis, más tarde se tendrá tiempo de poder aplicar técnicas más complejas que requieran más tiempo.

Lo primero que se debe hacer ante una situación de emergencia es salvaguardar la vida de los demás y la de uno mismo, una vez acontecido esto se debe aplicar estos principios para priorizar tiempo y recursos.

Hay que ofrecer seguridad, buscar un lugar donde ni la persona a la que se ayuda ni los profesionales corran peligro ni sufran daños físicos o psicológicos. Los PAP se pueden ofrecer en cualquier lugar que esté lo suficientemente seguro para poder hacerlo. Con asiduidad estas situaciones se dan en grandes poblaciones o lugares comunitarios (como un accidente en una autovía, huracanes que afectan una población, etc.) por eso suelen instalarse tiendas de campaña alejadas del peligro para atender a la población, ese sería un buen lugar para empezar aplicar la PAP.

Hay que ofrecer la primera ayuda psicológica en un lugar donde exista privacidad para que la persona se sienta segura y exista confidencialidad y se respete la dignidad de la misma.

En cuanto a la dignidad hay que comportarse con responsabilidad, seriedad e involucrase al máximo para poder ayudar al otro. Respetar a las personas, su raza, sexo, edad, sus normas culturales y sociales, darles pautas para que sean

capaces de tomar sus propias decisiones dándole autonomía e independencia, en el caso de que rechacen la ayuda dejarles claro que en un futuro cuando se sientan preparados y quieran siempre podrán acceder a ella.

Hay que asegurarse de que todas las personas tengan los mismos derechos, es decir que exista un acceso a la ayuda de forma equitativa y sin discriminación ya sea por raza, edad, sexo o cultura. Por ello hay que ayudarles a acceder a sus derechos y al apoyo disponible actuando en pos de la persona que lo necesita.

No hay que establecer una relación de poder, sino que se debe ayudar desde la equidad, desde el tú a tú, no pedir dinero ni favores a cambio de la ayuda, no imponerle el papel de víctima ni presionarle para que hable o acepte la ayuda psicológica, y lo más importante no juzgar a las personas, trabajar desde la empatía.

El personal antes de brindar los PAP debe reunir los siguientes *requisitos:*

Contar con los medios de seguridad necesarios para su propia salud.

Estar capacitado en primeros auxilios psicológicos.

Previo al desplazamiento a la zona de emergencia el personal especializado en PAP debe tener toda la información sobre la magnitud de la emergencia así como la población afectada para poder planear de antemano la intervención en PAP.

Antes de la intervención, el personal debe identificar otras necesidades existentes en ese momento de emergencia, tales como alimentación, agua, abrigo, contacto con familiares, etc.

Es importante que antes de brindar los PAP el personal que aplique la PAP conozca las preguntas básicas a realizar a los afectados con el fin de realizar una jerarquía de necesidades para así poder atenderlas de forma eficaz, atendiendo en primer lugar a los individuos más graves.

Ante la pregunta de quiénes necesitan los PAP hay que tener en cuenta que deben de ser aquellas personas afectadas por una crisis que accedan a esta ayuda de forma voluntaria, es importante priorizar atendiendo primero aquellas que se encuentran en una situación más grave.

**Figura 5.** *Preguntas básicas antes de la intervención.*

¿Cuándo se ofrecen los PAP? Lo antes posible, ya que cuanto antes se intervenga menos se agravarán los síntomas en el tiempo y menor posibilidades de que aparezca a largo plazo un trastorno mental.

## 2.1. GRUPOS DE RIESGO

Se define como *grupo de riesgo* aquel conjunto de personas que debido a ciertas características ya sean bilógicas, socioeconómicas, físicas o sociales se encuentran en una situación de vulnerabilidad provocando esto mayor riesgo de sufrir daños en su bienestar físico y psicológico frente a un contexto de emergencia. Los *grupos* son los siguientes:

- *Niños y niñas:* El riesgo es mayor cuando se encuentran separados de su figura de apego (padres o cuidadores), cuando han sido expuestos a muertes o a situaciones que pueden provocarle la muerte.
- *Adolescentes:* Son vulnerables debido a que se encuentran en una etapa sensible de crecimiento tanto físico como personal, etapa con grandes demandas internas y presiones externas. Se hallan en busca de su propia identidad.
- *Adultos con escasos recursos.* Las personas que sufren pérdidas materiales de gran coste suelen sufrir ansiedad y desesperanza al no tener

los recursos suficientes para hacer frente a la situación. Así mismo, las enfermedades crónicas pueden agravarse.

- *Personas con discapacidad física, sensorial o cognitiva:* Las situaciones de emergencia pueden afectar a su funcionamiento en las actividades de la vida cotidiana viéndose limitadas en cuanto a la adaptación del nuevo contexto.
- *Personas con trastornos de salud mental:* Puede reducirse su capacidad de hacer frente a la situación así como su capacidad de recuperación exacerbándose los síntomas de la enfermedad por el contexto de emergencia.
- *Personas con enfermedades crónicas, dependientes o no dependientes:* Presentan una alta vulnerabilidad al no tener continuidad en el cuidado y tratamiento.
- *Equipos de rescate e intervención:* Este grupo presenta mayor vulnerabilidad debido a una continua exposición a escenas de crisis y casos complejos así como a situaciones de vida/muerte pudiendo derivar estas situaciones a un trastorno de estrés postraumático.

## 2.2. GRUPOS DE RIESGO Y PRIMERA AYUDA PSICOLÓGICA

Para ofrecer una primera ayuda psicológica de calidad a los grupos de riesgo se debe de *tener en cuenta* lo siguiente:

- *Niños y niñas:* Cuando se trabaja con infantes es importante hacerlo en espacios lúdicos y de juego ya que estos contextos favorecen un óptimo desarrollo físico, social y afectivo.

  Es crucial favorecer la cercanía de las figuras de apego para que los menores se sientan a salvo y cuidados, manteniendo también las rutinas del día a día.

  Preguntar al niño/a que es lo que ha visto o escuchado sobre lo sucedido, escucharlo y hacerle entender que comprendemos lo que nos está expresando y ofrecerle información concreta sobre lo que está sucediendo.
- *Adolescentes:* Animar a que exprese sus necesidades, miedos e inquietudes respecto a la sucedido. Promover su participación en grupos de iguales o de apoyo a fin de que puedan influir de manera positiva en su recuperación.

Es importante que los profesionales de los PAP estén preparados para responder a preguntas relacionadas con temas de drogas, sexualidad, accidentes y suicidio.

- *Personas mayores:* Estar ahí para cuando quieran hablarnos de lo sucedido, prestando atención desde la empatía y la cercanía. Procurar que sigan desempeñando las tareas del día a día y así como sus roles, incitando a establecer contacto con su red apoyo.
- *Personas con enfermedades crónicas o discapacidad:* Establecer una cercanía con esa persona para permitir que se comunique con nosotros y pueda desahogarse sobre lo sucedido.

  Hay que motivar a la persona a establecer contacto con asistencia médica para atender sus necesidades en caso de que sea posible (tratamiento de la enfermedad, asistencia hospitalaria,...). Ofrecer información sobre la manera de acceder a los servicios de emergencia de la zona.

# 3. CÓMO VIVENCIA UNA PERSONA LAS CRISIS

Cada persona es única, con unas variables distintas a otras como puede ser la personalidad, la edad, genero, el nivel socioeconómico, la red de apoyo, etc. y por ello su forma de reaccionar a las catástrofes es disímil también en función de esas variables.

Cuando un individuo sufre una catástrofe, desastre o emergencia lo más común es la reacción de conmoción (*shock*) especialmente tras las primeras horas. Esta reacción se define como un estado de depresión nerviosa, sin pérdida de conciencia donde la persona sufre una disminución de la actividad de las funciones mentales y físicas durante unos segundos/minutos siendo incapaz de responder a los estímulos externos, cuando el individuo vuelve en sí puede llegar a aparecer una desorientación espacio-temporal. Los afectados también pueden sentir indefensión, definiéndose esto como un estado psicológico que se manifiesta cuando la persona comienza a sentir que es incapaz de modificar la situación mediante su conducta.

Durante los primeros momentos muchas de las personas suelen expresar emociones como la tristeza, angustia, etc. Si no se ofrece la ayuda adecuada esta situación puede agravarse en el tiempo provocando un perjuicio en la víctima a largo plazo.

Es importante mencionar que según el periodo de la catástrofe las *reacciones psicológicas y del comportamiento* de una persona pueden ser diferentes variando en función del momento en el que se encuentre. Se distinguen:

**Tabla 1.** *Descripción de las fases de las consecuencias.*

| FASE | CUÁNDO ACONTECE | QUÉ OCURRE |
|---|---|---|
| Precrítica | Antes de la catástrofe (alertas, comunicación de posible catástrofe). | La mayoría de la población suele minimizar las consecuencias o negarlas.<br>*Factores* que influyen en la falta de respuesta ante la inminencia de una catástrofe:<br>• Dificultad para abandonar la vivienda.<br>• Desconfianza hacia los hechos que se anuncian.<br>• Creencia en una protección sobrenatural.<br>• Desinformación.<br>Otras personas suelen sentir ansiedad al anticipar el evento. |
| Crisis | Está sucediendo la situación amenazante (huracanes, incendio, erupción del volcán, etc.). | Periodo de pasividad.<br>La población puede encontrarse en fase de shock.<br>Reacciones de estupor. |
| Reacción | Suele aparecer tras la anterior fase. | Periodo de actividad.<br>El individuo actúa y desarrolla una estrategia más o menos eficaz para salvaguardar su vida y la de los suyos. |
| Postcrítico | Aparece una vez la situación amenazante ya ha desaparecido | Se afrontan las consecuencias de la crisis.<br>Este momento es cuando las personas entienden lo que ha ocurrido y aparecen los primeros efectos psicológicos.<br>Después de un tiempo llega la normalización, los afectados irán volviendo a su rutina y deberán hacer frente a las consecuencias materiales, físicas y psicológicas de la catástrofe. |

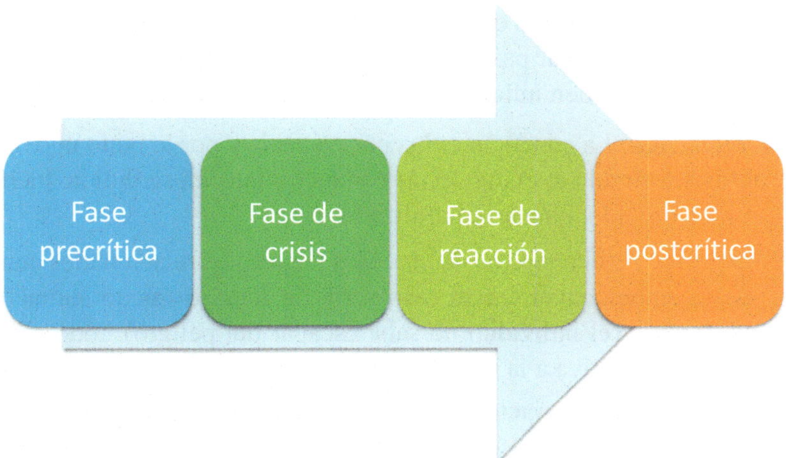


**Figura 6.** *Fases de las reacciones.*

A continuación se detallas aquellas *reacciones más características* a un contexto de emergencia.

***Pánico***

Una reacción común es la de pánico, este es un miedo normal que sufre el organismo ante una situación de peligro inminente. Este término suele confundir ya que pensamos que una reacción de pánico suele ser perjudicial y no adaptativa para el individuo sin embargo esto no es así, pues gracias a él a lo largo de la historia las personas han actuado salvando su vida, por lo tanto se trata de una respuesta biológica innata adaptativa del organismo que beneficia la supervivencia.

Por ejemplo, si nos encontramos en la montaña y vemos un oso venir hacia nosotros nuestro organismo puede reaccionar huyendo de él provocando una respuesta de escape ante una situación amenazante o enfrentándonos a él. El miedo prepara al individuo para la lucha o la huida. Por todo ello, al igual que el estrés (que puede ser adaptativo o no) es bueno sentir miedo en un contexto de peligro ya que sirve de protección ante el mismo estimulando una conducta de huida o enfrentamiento.

No obstante, cuando una persona siente pánico, se apodera de él su parte emocional dejando de lado la parte racional y sufre lo que se llama *ceguera psicológica,* es decir la persona es incapaz de distinguir la mejor alternativa para evitar el peligro y puede realizar conductas peligrosas, como por ejemplo ante un incendio tirarse por la ventana o ponerse a gritar y a moverse rápidamente delante de un oso en vez de intentar pasar desapercibido quedándose inmóvil.

En el pánico pueden influir en varios *elementos* como:

- *Conductual:* La conducta es la consecuencia y por lo tanto una respuesta ante un estímulo aversivo, estas conductas pueden ser huida, lucha, llanto incontrolado, quedarse paralizado, etc.
- *Subjetivo:* Es el conjunto de procesos cognitivos relacionados con la respuesta emocional. En este caso sería un intenso miedo sumado a una indefensión (el individuo no sabe escapar del peligro), todo ello afecta de forma negativa a la capacidad de afrontamiento.
- *Emocional:* Una característica del pánico es que este tiende a contagiarse entre las personas presentes. Como se ha mencionado anteriormente las personas que sufren pánico suelen llorar de forma intensa siendo incapaz de calmarse, suelen sentirse muy nerviosas y suelen sufrir tensión muscular.

Hay investigaciones que aconsejan desmitificar la reacción inmediata de pánico en los afectados por una catástrofe, desastre o emergencia. Es importante controlar la conducta de pánico que pueda sufrir la persona afectada ya que puede conllevarle un perjuicio. Se puede solicitar ayuda a otras personas si vemos que nosotros físicamente no podemos realizar la contención de esa persona en el contexto de crisis, podemos abrazarla ofreciendo contención emocional, y nunca responder de forma agresiva ni intentar razonar.

Según el DSM-5 el *Trastorno de pánico* se caracteriza por:

*Ataques de pánico inesperados recurrentes.* Un ataque de pánico es un episodio abrupto de miedo intenso o malestar intenso que alcanza un pico en minutos, y durante el cual ocurren cuatro (o más) de los siguientes *síntomas:*

*Síntomas*

- Palpitaciones, latidos cardíacos fuertes, taquicardia.
- Sudoración.
- Temblores.
- Disnea, sensaciones de sofocación.
- Sensaciones de ahogo/asfixia.
- Dolor o molestia precordial.

- Náuseas, molestias abdominales.
- Mareos, inestabilidad, sensación de desmayo.
- Escalofríos o sensaciones de calor.
- Parestesias (entumecimiento u hormigueo).
- Desrealización (sentimientos de irrealidad) o despersonalización (estar desapegado de uno mismo).
- Miedo de perder el control o de enloquecer.
- Miedo de morir.

***Reacciones psicopatológicas***

Como reacción psicopatológica podemos mencionar una reacción emocional desajustada, esta se puede definir como una inestabilidad emocional que puede llegar a un trastorno, se caracteriza por la oscilación constante de sentimientos y estados de ánimo, puede manifestar ira, tristeza extrema, embotamiento afectivo, depresión, etc.

Ante una situación de crisis o emergencia, el individuo involucrado puede sentirse indefenso y desarrollar esta respuesta desajustada, pueden aparecer conductas de pasividad y evitación social, llegando a recluirse tanto física como emocionalmente.

En relación a los grupos de riesgos vistos anteriormente debemos de tener en cuenta cuales son las *manifestaciones* más frecuentes en niños/niñas y adolescentes. A continuación se presenta un cuadro resumen:

**Tabla 2.** *Sintomatología en menores.*

| Niños/Niñas | Adolescentes |
|---|---|
| • Baja energía.<br>• Miedo generalizado (le teme a todo).<br>• Falta de concentración.<br>• Apatía.<br>• No quieren hablar de lo que les pasó.<br>• Alteraciones del sueño (pesadillas, terrores nocturnos)<br>• Conductas regresivas (chuparse el dedo, orinarse en la cama,…).<br>• Angustia de separación.<br>• Preocupación por la seguridad de sí mismo y otros (pensar que algo malo les va a pasar a sus figuras de apego). | • Conductas disruptivas (romper cosas, insultar).<br>• Culpa por haber sobrevivido.<br>• Desinterés por la vida.<br>• Irritabilidad.<br>• Cambio en el comportamiento.<br>• Apatía.<br>• Consumo de drogas.<br>• Conductas sexuales inapropiadas.<br>• Ideas suicidas.<br>• Conductas autodestructivas.<br>• Absentismo escolar. |

### *Duelo*

El duelo hace referencia a la forma en la que un individuo reacciona a la pérdida de un ser querido, sin embargo no es la única condición por la que se puede experimentar, también se puede sentir ante la pérdida de bienes materiales, de animales, socioeconómicas, laborales, etc.

En el duelo se pueden diferenciar cinco *fases* (Ávila et al 2013):

Según la autora de *On death and dying* Kübler-Ross, en 1969 define cuatro fases del duelo añadiéndose más tarde otra. En el duelo pueden aparecer todas fases de forma lineal, desordenadas o alguna de ellas no aparecer.

**Imagen 3.** *Fases del duelo.*

A continuación se describe cada una de las *fases:*

- *Negación:* Es una reacción donde el individuo es incapaz de ver la realidad de lo acontecido, con frecuencia va asociado a un estado de shock o embotamiento emocional. La persona se encuentra afligida tras la situación ya que la nueva realidad es difícil de asimilar, lo que ocurre es que el individuo no ha tenido tiempo de poder asimilar la información de lo acontecido. Esta etapa puede durar desde días hasta meses.

- *Ira:* Se caracteriza por sentimientos de frustración, enfado e impotencia con respecto a la propia capacidad de modificar las consecuencias de lo acontecido. Durante esta etapa la persona se focaliza en buscar culpables a los que descargar dicha ira.
- *Negociación:* En esta fase la persona tiene la esperanza de que nada cambie y todo siga como antes, intentan explorar opciones para poder mantener todo como antes de la situación de emergencia.
- *Depresión:* Este periodo se caracteriza porque el individuo empieza asumir definitivamente la realidad tras la pérdida, generando ello sentimientos de tristeza, malestar y desesperanza.
- *Aceptación:* Esta fase es la última del duelo, supone la normalización de los sentimientos. Aquí el individuo ha aceptado y comprendido la perdida, ha incluido dicha perdida dentro de su rutina normalizándola.

No todos los individuos experimentan el duelo tras una pérdida, muchos de ellos son resilientes es decir son capaces de adaptarse a la adversidad, aceptando lo que ha ocurrido e incorporando ese hecho en su día a día sin que ello le pueda conllevar problemas de salud.

### *Fobia específica*

La fobia específica se considera un trastorno de ansiedad según el DSM 5 (Morrison, 2015).

Los *criterios diagnósticos* para la fobia específica (DSM 5) son:

A. Miedo o ansiedad intensa por un objeto o situación específica (p. ej., volar, alturas, animales, administración de una inyección, ver sangre). Nota: En los niños, el miedo o la ansiedad se puede expresar con llanto, rabietas, quedarse paralizados o aferrarse.

B. El objeto o la situación fóbica casi siempre provoca miedo o ansiedad inmediata.

C. El objeto o la situación fóbica se evita o resiste activamente con miedo o ansiedad intensa.

D. El miedo o la ansiedad es desproporcionado al peligro real que plantea el objeto o situación específica y al contexto sociocultural.

E. El miedo, la ansiedad o la evitación es persistente, y dura típicamente seis o más meses.
F. El miedo, la ansiedad o la evitación causa malestar clínicamente significativo o deterioro en lo social, laboral u otras áreas importantes del funcionamiento.
G. La alteración no se explica mejor por los síntomas de otro trastorno mental, como el miedo, la ansiedad y la evitación de situaciones asociadas a síntomas tipo pánico u otros síntomas incapacitantes (como en la agorafobia), objetos o situaciones relacionados con obsesiones (como en el trastorno obsesivo-compulsivo), recuerdo de sucesos traumáticos (como en el trastorno de estrés postraumático), dejar el hogar o separación de las figuras de apego (como en el trastorno de ansiedad por separación), o situaciones sociales (como en el trastorno de ansiedad social).

La *fobia* puede ser, en función del estímulo fóbico:

- Animal (p. ej., arañas, insectos, perros).
- Entorno natural (p. ej., alturas, tormentas, agua).
- Sangre-inyección-herida (p. ej., agujas, procedimientos médicos invasivos).
- Situacional (p. ej., avión, ascensor, sitios cerrados).
- Otra (p. ej., situaciones que pueden derivar en ahogo o vómitos; en niños, p. ej., sonidos ruidosos o personajes disfrazados).

### *Trastorno de estrés postraumático*

Según el DSM-5 (Morrison, 2015) se describe el *Trastorno de estrés postraumático* (TEPT) siguiendo los siguientes criterios:

*Criterios clínicos*

Para cumplir los criterios para el diagnóstico, los pacientes deben haber estado expuestos directa o indirectamente a un evento traumático y deben tener síntomas de cada una de las siguientes categorías por un período $\geq$ 1 mes.

- *Síntomas intrusivos* ($\geq$ 1 de lo siguiente):
  - Tiene memorias involuntarias, perturbadoras, intrusivas, recurrentes.
  - Tiene sueños perturbadores recurrentes (p. ej., pesadillas) del suceso.

- Actúa o siente como si el episodio estuviera sucediendo nuevamente y varía desde experimentar flashbacks (recuerdos vívidos) a desconocer por completo el entorno presente.
- Siente una intensa angustia psicológica o fisiológica cuando recuerda el episodio (p. ej., por su aniversario, por sonidos similares a los que escuchó durante el evento).

• *Síntomas de evitación* (≥ 1 de lo siguiente):
- Evitar pensamientos, sentimientos o recuerdos relacionados con el episodio.
- Evitar actividades, lugares, conversaciones o personas que desencadenan memorias del episodio.

• *Efectos negativos sobre la cognición y el estado de ánimo* (≥ 2 de los siguientes):
- Pérdida de memoria de partes importantes del evento (amnesia disociativa).
- Creencias o expectativas negativas, persistentes y exageradas sobre uno mismo, otras personas o el mundo.
- Pensamientos distorsionados persistentes sobre la causa o las consecuencias de los traumas que llevan a culparse a sí mismo o a otros.
- Estado emocional negativo persistente (p. ej., miedo, horror, ira, culpa, vergüenza).
- Notable disminución en el interés o la participación en actividades significativas.
- Sensación de desapego o enajenación frente a los demás.
- Incapacidad persistente de sentir emociones positivas (p. ej., felicidad, satisfacción, sentimientos amorosos).

• *Alteración del estado de alerta y de reacción* (≥ 2 de los siguientes):
- Dificultad para dormir.
- Irritabilidad o crisis de enojo.
- Comportamiento imprudente o auto-destructivo.
- Problemas de concentración.
- Aumento de la respuesta del despertar.
- Hipervigilancia.

Además, las manifestaciones deben provocar malestar intenso o deteriorar significativamente el funcionamiento social u ocupacional, y no deben ser atribuibles a los efectos fisiológicos de una sustancia o de otro trastorno médico.

Para poder diagnosticar el TEPT hay que basarse en los síntomas que experimenta la persona, sin obviar ninguno de ellos. Habrá que diferenciarlo del *Trastorno de estrés agudo* (TEA) cuyos síntomas son similares con la diferencia de que se presenta en los primeros días tras el suceso sin llegar a mantenerse esos síntomas más allá de un mes.

Muchas veces el trastorno suele presentar comorbilidad con otros trastornos como puede ser depresión, ansiedad, fobias y abusos de sustancias.

***Burnout o síndrome de agotamiento***

Herbert J. Freudenberger fue el primero en hablar del *síndrome del burnout.* Este psicólogo tras observar a cientos de profesionales en su día a día en el trabajo describió este síndrome como un conjunto de síntomas donde se incluye el agotamiento emocional, despersonalización y bajo rendimiento que deriva en una reducción de logros personales. Las personas se sienten agotadas, exhaustas y sobrecargadas. Este síndrome es muy común entre profesionales de la salud, personas que se dedican a ayudar a los demás y que trabajan con personas.

El burnout es consecuencia de un estrés crónico mantenido en el tiempo y la principal característica de este síndrome ocurre a nivel psicológico y emocional. Para poder diagnosticarlo hay que basarse en cuatro *factores:*

**Figura 7.** *Síntomas del burnout.*

- *Despersonalización:* Ocurre cuando la persona se observa a sí misma desde fuera de su cuerpo, puede sentirse alejada de la realidad.
- *Agotamiento emocional:* Es un estado al que se llega por sobrecarga mental. Este agotamiento puede conllevar incluso a somatizar físicamente el estrés.
- *Bajo rendimiento:* Se caracteriza por una ineficacia y falta de realización, es decir es la sensación de incompetencia, de estar al límite y por mucho que se esfuerce, la persona tiene la sensación de que no llega a ser productiva siendo el resultado de su trabajo el que no debería ser puesto que es incapaz de concentrarse en su trabajo.

***Trastorno depresivo***

Los trastornos depresivos se caracterizan por una tristeza de una intensidad o una duración suficiente como para interferir en la funcionalidad de la persona y, en ocasiones, por una disminución del interés o del placer provocado por actividades que anteriormente si lo hacían.

La *depresión* (DSM 5) se caracteriza por:

A. Cinco (o más) de los síntomas siguientes han estado presentes durante el mismo período de dos semanas y representan un cambio del funcionamiento previo; al menos uno de los síntomas es (1) estado de ánimo deprimido o (2) pérdida de interés o de placer.

   - Estado de ánimo deprimido la mayor parte del día, casi todos los días, según se desprende de la información subjetiva (p. ej., se siente triste, vacío, sin esperanza) o de la observación por parte de otras personas (p. ej., se le ve lloroso). (Nota: En niños y adolescentes, el estado de ánimo puede ser irritable.)
   - Disminución importante del interés o el placer por todas o casi todas las actividades la mayor parte del día, casi todos los días (como se desprende de la información subjetiva o de la observación).
   - Pérdida importante de peso sin hacer dieta o aumento de peso (p. ej., modificación de más del 5% del peso corporal en un mes) o disminución o aumento del apetito casi todos los días. (Nota: En los niños, considerar el fracaso para el aumento de peso esperado.)
   - Insomnio o hipersomnia casi todos los días.

- Agitación o retraso psicomotor casi todos los días (observable por parte de otros; no simplemente la sensación subjetiva de inquietud o de enlentecimiento).
- Fatiga o pérdida de energía casi todos los días.
- Sentimiento de inutilidad o culpabilidad excesiva o inapropiada (que puede ser delirante) casi todos los días (no simplemente el autorreproche o culpa por estar enfermo).
- Disminución de la capacidad para pensar o concentrarse, o para tomar decisiones, casi todos los días (a partir de la información subjetiva o de la observación por parte de otras personas).Pensamientos de muerte recurrentes (no sólo miedo a morir), ideas suicidas recurrentes sin un plan determinado, intento de suicidio o un plan específico para llevarlo a cabo.

B. Los síntomas causan malestar clínicamente significativo o deterioro en lo social, laboral u otras áreas importantes del funcionamiento.

C. El episodio no se puede atribuir a los efectos fisiológicos de una sustancia o de otra afección médica.

# 4. PRESTANDO PRIMERA AYUDA PSICOLÓGICA

Cuando acontece una catástrofe o una situación de emergencia los profesionales que van a prestar la primera ayuda psicológica deben primero realizar una serie de pasos para poder ofrecer la ayuda de la forma más eficaz posible. Es necesario darse unos minutos para prepararse, ver lo que ha ocurrido y recabar toda la información posible que pueda ser de utilidad.

Se recomienda realizar estos *pasos* antes de aplicar la primera ayuda psicológica.

- *Prepararse:*
  - Informarse sobre lo ocurrido.
  - Asegurar la seguridad de uno y de los demás.
  - Informarse sobre los servicios y apoyos disponibles.
- *Observar:*
  - Valorar la magnitud del desastre (ver a qué población ha afectado, qué recursos están disponibles en el lugar del desastre, etc.).
  - Observar si hay personas con necesidades básicas urgentes o reacciones psicológicas graves a las cuales atender con prioridad.
  - Diferenciar entre aquellas personas que no van a necesitar una primera ayuda psicológica de las que sí.

- *Evaluar:*
  - Evaluar a la persona que ha sufrido una crisis, observar sus síntomas, cómo reacciona al ambiente y ver qué es lo que necesita en ese momento.
    - » Hay que realizar una exploración inicial del estado mental (orientación espacio-temporal, preguntar si sabe lo que ha ocurrido...).
    - » Identificar problemas, conocer cuál es el suceso precipitante, estado emocional actual (embotamiento, estupor, ataque de pánico,...).
    - » Observar el estilo de afrontamiento de la persona, ver si es activo o pasivo, y promover en el caso de que sea pasivo un afrontamiento activo.
    - » Identificar recursos personales y apoyo social.
- *Cubrir las necesidades primarias:*
  - Ofrecer refugio, alimento, agua y condiciones higiénicas adecuadas.
  - Brindar servicios de salud para los heridos.
  - Dar información correcta sobre lo ocurrido.
- *Coordinación con el equipo:*
  - Establecer y coordinarse con el equipo de trabajo y/u otros organismos para una ayuda de calidad optimizando el tiempo de intervención.
- *Hacerse varias preguntas:*
  - ¿Estoy en condiciones físicas y psicológicas de poder ayudar? Hay que realizar una auto-evaluación sobre si la condición personal es la adecuada para poder brindar una ayuda psicológica de calidad.

## 4.1. PROTOCOLO DE PRIMEROS AUXILIOS PSICOLÓGICOS

En determinados eventos la utilización de un protocolo es indispensable para poder determinar las normas y pasos que se deben llevar a cabo ante determinadas situaciones para así evitar confusiones o imprevistos.

A continuación, se presenta el *protocolo* de primeros auxilios psicológicos.

### *Escucha activa*

Se puede definir la *escucha activa* como una estrategia de comunicación que consiste en la habilidad de escuchar de forma en la que el receptor se mantiene comprometido con el emisor de forma dinámica, ha de escuchar con conciencia plena con el objetivo de entender lo que dice de forma empática.

**Figura 8.** *Protocolo PAP.*

Este paso es muy importante ya que va a permitir al emisor expresar sus emociones y sentimientos. Tras una situación de crisis la víctima puede querer o no hablar. Escuchar y prestar una atención activa puede ser de gran ayuda puesto que puede calmar a la persona afectada siendo esencial por ello dar espacio para que cuente como se siente de manera espontánea sin presionar a que hable. Para otras personas guardar silencio será preferible; ante esta situación es importante permanecer a su lado en silencio, brindarle un abrazo, etc. Lo significativo de la escucha activa es ser capaz de transmitir a la otra persona que como profesionales estamos ahí, que hay un ser humano que está comprendiendo con lo que le pasa.

El lenguaje corporal es una herramienta muy importante para transmitir comprensión y empatía. Utilizar posturas, gestos y contacto visual es parte importante de esta técnica y ayudará a que la víctima quiera hablar.

Es substancial practicar la *escucha activa* porque:

- Favorece una mejor comunicación con el otro.
- Mejora la colaboración.
- Se empatiza con la otra persona.
- Ayuda a una mejor conexión.

- Se resuelven conflictos.
- Se genera confianza.
- Favorece buenos vínculos.

A la hora de poner en práctica la escucha activa se deberá tener en cuenta tanto la comunicación verbal como la comunicación no verbal (postura corporal, miradas, expresión facial, etc.). A continuación, profundizaremos en algunos *ejemplos:*

*1. No interrumpir*

En ocasiones cuando una conversación con el otro fluye pueden sentirse ganas de participar en ella. Estas interrupciones hacen que algunas conversaciones avancen, sin embargo no es algo que convenga hacer cuando se está escuchando de manera activa ya que puede provocar en el emisor un retraimiento y por ello dejar de hablar.

Hay que dedicar toda la atención y energía a lo que está contando la otra persona para que pueda sentirse escuchada.

*2. Escuchar sin emitir juicio*

El hecho de emitir juicio hace referencia a cualquier pensamiento, positivo o negativo, que surja con respecto a lo que dice la otra persona. Cuando se emiten juicios como reacción al discurso inherentemente se estará poniendo la atención en lo que se piensa en lugar de lo que el emisor dice provocando ello que la persona se sienta juzgada y por consiguiente se niegue a seguir hablando. Es importante escuchar sin emitir juicio, hay que concentrarse en lo que está diciendo el afectado para poder desarrollar una mejor compresión de esa persona y así se sentirá escuchado y no juzgado.

*3. Parafrasear y resumir*

Cuando la persona haya terminado de hablar es importante parafrasear lo que se escuchó con tus propias palabras. Esto ayudará a asegurarte que entendiste lo que el emisor está tratando de expresar, profundizando al mismo tiempo en la conversación. Cuando se parafrasee, hay que evitar añadir comentarios u opiniones personales, ya que el propósito de la escucha activa es poner toda tu atención en la otra persona y contener tu propio juicio.

*4. Mostrar lenguaje no verbal positivo*

Durante el proceso de escucha activa el lenguaje verbal de la persona que escucha debe reducirse, es el damnificado el que debe hablar al menos un 80% durante este proceso, por ello la mejor manera de poder mostrar apoyo es exhibir un comportamiento verbal positivo, es decir se debe exteriorizar una expresión facial afable, una postura y un lenguaje corporal donde mostremos que estamos atentos al emisor, también es importante establecer contacto visual, se puede asentir con la cabeza y sonreír, evitar estar de brazos o piernas cruzadas, mostrarse inquietantes, bostezar o estar desviando la mirado de un lado a otro ya que esto puede indicar distracción.

*5. Técnica del reflejo*

Esta técnica consiste en adoptar posturalmente una actitud similar a la del afectado, es decir es importante transmitirle a la víctima que se está en la misma *sintonía afectiva* haciéndole ver que se comprende su sufrimiento, sin ser autorreferente.

A continuación se muestran unos *ejemplos:*

- *Frases que SI se pueden utilizar:*
  - *Cuéntame más sobre...*
  - *Ya veo.*
  - *¿Qué pasó después?*
  - *Entonces, lo que estás diciendo es...*
  - *¿Cómo te sentiste después de eso?*
  - *¿Qué te gustaría hacer con respecto a...?*
  - *¿Qué puedo hacer para ayudar?*
  - *Gracias por tomarte el tiempo de hablar conmigo.*
- *Frases que NO se deben utilizar:*
  - *No te preocupes...*
  - *Ánimo que de todo se sale*
  - *Le puedo asegurar que va salir adelante*
  - *Las cosas pasan por algo*
  - *No hay mal que por bien no venga*
  - *Afortunadamente no fue para tanto*

### *Reentrenamiento*

Muchas veces tras la situación de crisis o emergencia algunas personas pueden sentirse ansiosas, confundidas o sentir que la situación les sobrepasa y no pueden controlar ni manejar sus sentimientos y emociones, todo ello puede derivar a un trastorno de pánico cuyo rasgo principal son los ataques recurrentes de ansiedad (graves) impredecibles, siendo los síntomas predominantes el comienzo repentino de palpitaciones, el dolor precordial, las sensaciones de asfixia, el vértigo y los sentimientos de irrealidad (despersonalización y falta de vínculo con la realidad). A menudo hay también un temor secundario a morir, a perder el control o a enloquecer. (OMS: CIE-10).

Por ello es importante contemplar unos minutos para enseñar a practicar el reentrenamiento para la respiración. Este entrenamiento toma 10 minutos, y requiere de mucha práctica por parte de la persona (esta técnica se estudiará profundamente más adelante).

### *Psicoeduación*

La psicoeducación hace referencia a un proceso cuyo fin es ofrecer información, educar e invitar a reflexionar a los afectados que sufren un trastorno psicológico, ofreciendo también apoyo emocional, resolución de problemas y otras técnicas.

Este paso es importante ya que facilita que las personas consigan entender lo que les está sucediendo, reforzando así su autoestima, sus habilidades de afrontamiento y poniendo en práctica estrategias que les permitan alcanzar sus objetivos y sobrellevar el día a día.

Hay que facilitar y enseñar estrategias de respuestas positivas ante el estrés, pero para ello primero es substancial conocer qué se puede esperar frente a una crisis y cuáles son las reacciones más comunes. Ofrecer siempre información válida y fiable de lo que ha sucedido, de lo que puede suceder y de los síntomas y características de los trastornos mentales más comunes que pueden padecer los afectados ya que se ha visto que obtener información al respecto ayuda a ir más allá de las percepciones y entender mejor por qué ocurren las cosas permitiendo esto una mejor canalización de sentimientos y emociones derivados de la situación.

Es imprescindible que se normalice aquellas reacciones emocionales que suelen aparecer ante una situación de crisis, enfatizando en que el malestar que se siente va a ir disminuyendo conforme vayan pasando los días/semanas.

**Imagen 4.** *Reacciones comunes frente a una experiencia traumática reciente.*

Es útil utilizar las siguientes *frases* para orientar a la víctima:

*Las sensaciones que estás experimentando son muy comunes después de vivir una experiencia así.*

*Lo que estas experimentando es normal, no significa que seas débil o que te estés volviendo loco.*

*Es importante que tenga confianza en sí mismo y en que podrá superarlo.*

*Le felicito, todo lo que está haciendo le está ayudando a salir adelante.*

*Es importante que se rodee de seres queridos (familia y amigos) que le aporten cosas buenas.*

***Categorización de necesidades***

Tras sufrir un evento traumático es muy común que la víctima sufra confusión mental, desorientación temporal y espacial, dificultad para concentrare, etc. Es transcendental que nosotros como profesionales ayudemos a estas personas a realizar una jerarquización de sus necesidades, ya que todas ellas tienen necesidades fisiológicas, sociales y de autorrealización que requieren ser satisfechas.

Es importante que la persona utilice sus propios recursos y su red de apoyo para hacer frente a la situación que está viviendo y así una vez desaparezca nuestra ayuda la persona sea capaz de seguir manteniendo esta jerarquización adaptativa por sí sola.

Como profesionales es importante que escuchemos el relato de la víctima para después junto con ella identificar sus preocupaciones (hay que darle un rol activo, que sea ella la que señale, identifique y se dé cuenta de lo que siente, de cuáles son sus dificultades, proponga áreas de mejora, etc.)

Ayudar a las personas a priorizar sus necesidades pidiéndoles que distingan entre lo que necesitan solucionar rápidamente o lo que puede esperar.

*Ejemplos* de frases para realizar la jerarquización de las necesidades

*¿Qué es lo que le preocupa?.*

*¿Qué cosas, anteriormente, le han ayudado a combatir con el estrés?.*

*¿Qué problema crees que se debe resolver primero?.*

*¿Qué cosas crees que pueden ayudarte a llevar mejor esta situación?.*

*Procedamos a ordenar los problemas, primero los vamos a valorar de 0 a 10 y después los ordenaremos de menor a mayor.*

***Redes de apoyo***

Una red de apoyo es aquel conjunto de relaciones sociales que integran a una persona con su entorno social. Esta red es muy importante porque aporta bienestar generando un gran impacto en su calidad de vida. Es una estructura que ofrece soporte a los individuos sobre un área determinada, ya sea en salud, empleo, educación o apoyo emocional, etc.

La primera red de apoyo suelen ser familiares y amigos, por ello es importante incitar a la víctima que establezca contacto con ellos, sugerirle que los llame, les escriba, que establezca una conversación con aquellas personas de su círculo más cercano, que quede con ellos para pasear, tomar un café, ir al cine o verse en cualquier lugar.

Debe ser la propia persona la que tome la iniciativa de contactar con su red de apoyo, nosotros como profesionales solamente debemos sugerir e informar del beneficio de dicho contacto.

*Ejemplo de frases:*

*Se ha observado que ayuda mucho para sentirse mejor compartir tiempo con amigos y familiares, ¿existirá algún momento en la semana en el que pueda dedicarse a compartir su tiempo con su familia y amigos?.*

*Su red de apoyo estará ahí para proporcionarle ayuda en cualquier momento, cuando se sienta preparado ellos estarán ahí para usted.*

*La red de apoyo es muy beneficiosa ya que puedes sentirte arropado por muchas personas que te quieren, cuando te apetezca si lo deseas, puedes escribirles o hablar con ellos.*

## 4.2. TÉCNICAS DE AYUDA PSICOLÓGICA

Tras la realización de estos pasos se debe proceder a aplicar la primera ayuda psicológica.

El primer paso es identificarse, es importante compartir con la persona afectada el nombre, la profesión y las razones de nuestra presencia en el lugar, creando así un ambiente de seguridad que ayudará a aplicar la PAP.

A continuación se presentan algunas *técnicas* que pueden ayudar a los intervinientes en el afrontamiento emocional de los acontecimientos. Todas estas técnicas son importantes ya que facilitan seguir actuando con la misma eficacia en situaciones de alta tensión – estrés y a prevenir futuros problemas mentales.

***Habilidades sociales***

Frente a una situación de catástrofe o crisis las personas pueden sentirse alteradas y confundidas, pudiendo aparecer la culpa ante lo ocurrido. La manera de comunicarse con el otro es muy importante ya que puede ayudar a mantener la calma y hacer que el afectado se sienta seguro, arropado y comprendido.

Aplicar las habilidades sociales desde un primer contacto es trascendental porque estas constituyen un patrón de conductas específicas en determinadas situaciones, la escucha activa forma parte de estas técnicas.

Cuando nos enfrentamos a una situación traumática nos encontraremos con personas que desde el primer momento podrán contarte lo ocurrido y cómo se sienten a nivel emocional o estaremos frente a personas que por lo contrario no puedan o no se sientan preparadas para articular palabra. Frente ante estas situaciones escuchar sus historias y el cómo están vivenciando lo ocurrido puede ser de gran ayuda. Sin embargo, es muy importante no presionar para que cuenten lo ocurrido, en estos casos debemos dar espacio emocional y apoyar desde el silencio, la cercanía y presencia física, estando dispuestos a estar ahí para cuando se sientan preparados para hablar. No debemos hablar demasiado, dejar lugar al silencio, ya que ofrecer este silencio puede dar a la persona espacio y valor para compartir con nosotros sus sentimientos y emociones.

Prestar mucha atención al lenguaje corporal, mantener una posición erguida, relajada y abierta, controlar nuestras expresiones faciales mostrando conformidad con el proceso y establecer contacto visual, tener presente que hay que comportarnos teniendo en cuenta la edad, el género, religión y la cultura de la otra persona.

En relación a la cercanía debemos situarnos cerca de la persona pero guardando la distancia apropiada (1- 1.5 metros aproximadamente).

Transmitir calma y tener paciencia, que sea la persona la que inicie la conversación y cuente lo que quiera sin presionar, como profesionales no hay que dirigir la conversación ni formular preguntas cerradas cuya respuesta sean monosílabos, las preguntas deben de ser abiertas, por ejemplo: *¿Cómo te sientes?, ¿Qué piensas?...*

Ofrecer información clara y concisa de lo ocurrido, información que la persona pueda entender, hacerle sentir que le comprendemos y reconocer sus fortalezas.

Se debe procurar un restablecimiento emocional para poder restablecer un *funcionamiento adaptativo*, para ello se deberá:

- Facilitar la expresión emocional mediante una buena comunicación mediante preguntas tipo: *¿Quieres hablar?, ¿Cómo te sientes?*
- Aplicar la escucha activa.
- Aplicar técnicas de control de la activación (relajación, respiración,...).

***Técnicas de control de la activación***

Las técnicas de relajación y respiración sería un claro ejemplo de técnicas de control de la activación o de estrés. El objetivo principal es mostrar a la persona que es capaz de poder controlar su propio nivel de activación ante determinadas situaciones a través de la modificación de las condiciones fisiológicas sin ayuda de recursos externos como pueden ser los ansiolíticos, alcohol, tabaco, etc.

En relación a la respuesta de estrés (vista anteriormente) se considera que la relajación es un estado de hipoactivación que llevaría a la disminución de la activación simpática del sistema nervioso, produciendo una disminución del tono muscular, de la respiración y de la frecuencia cardiaca, afectando todo esto de forma positiva a nivel emocional y cognitivo del individuo.

Los *beneficios* de practicar la relajación son:

- Disminución de la tensión muscular.
- Ayuda a conciliar el sueño.
- Favorece el sueño reparador.
- Reduce la tensión arterial.
- Mayor sensación de bienestar físico y mental.
- Favorece la ruptura de pensamientos negativos recurrentes.
- Favorece la concentración y la atención.

Labrador (2001) indica que controlar la respiración es una de las estrategias más sencillas para poder hacer frente a las situaciones de estrés. Este psicólogo establece varias *técnicas de control de la respiración:*

*Inspiración abdominal*

En este ejercicio la persona debe situar una de sus manos encima del ombligo y la otra encima de su estómago. Deberá dirigir el aire inspirado a la parte inferior de sus pulmones. Una vez realice esto la persona percibirá un movimiento en la mano situada en su estómago (encima del ombligo) y no en la mano situada en el estómago, si fuera así deberá realizar este ejercicio varias veces focalizando su atención en dirigir su respiración de forma correcta y vigilando el movimiento de sus manos.

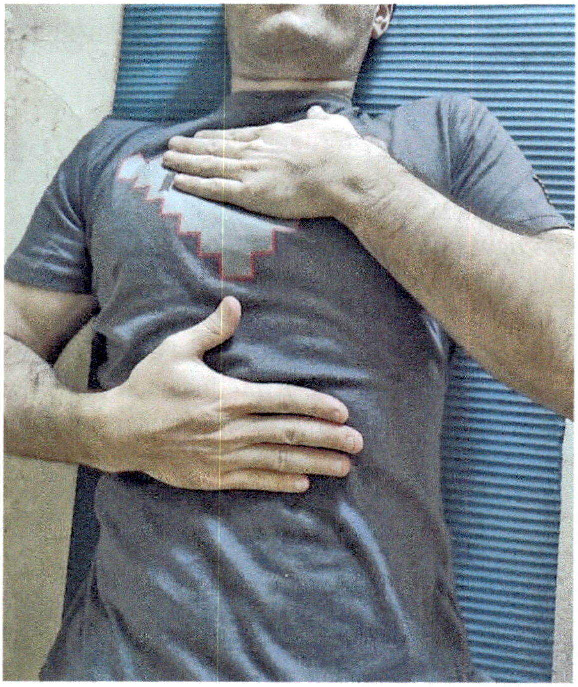

**Imagen 5.** *Posición de las manos para una respiración abdominal.*

*Respiración profunda*

Aquí la persona colocada en una postura sentada, realizará una inspiración completa, es decir deberá dirigir el aire hacia sus pulmones y al exhalar, tiene que cerrar los labios de forma que se produzca un breve resoplido al salir el aire por los mismos, provocando una espiración controlada. La espiración debe durar más tiempo que la inspiración.

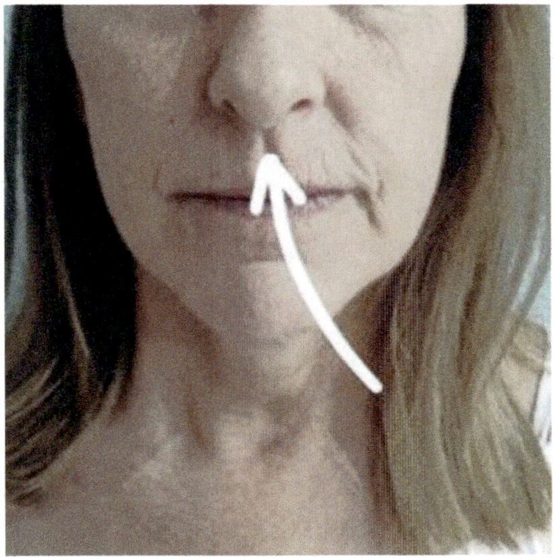

**Imagen 6.** *Inspiración.*

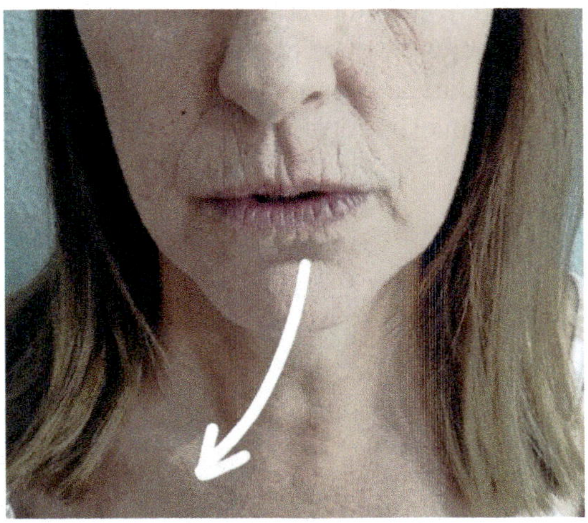

**Imagen 7.** *Espiración.*

*Respiración mediante suspiro*

Se deberá suspirar profundamente emitiendo un sonido sibilante, hay que inspirar y espirar prestando atención al sonido que producimos al exhalar el aire por nuestra boca.

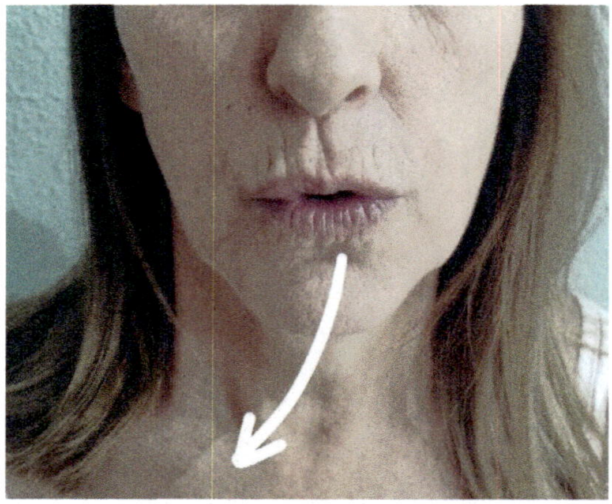

**Imagen 8.** *Respiración mediante suspiro.*

*Respiración mediante conteo*

En la respiración por conteo se tiene que realizar el ciclo de inhalación y la exhalación, las manos hay que colocarlas en un lugar cómodo para la persona. Cuando se haga la inspiración se debe contar o bien en voz alta o mentalmente hasta cinco, cuando se realice la espiración de deberá contar hasta 10, siempre focalizando la atención en nuestra respiración.

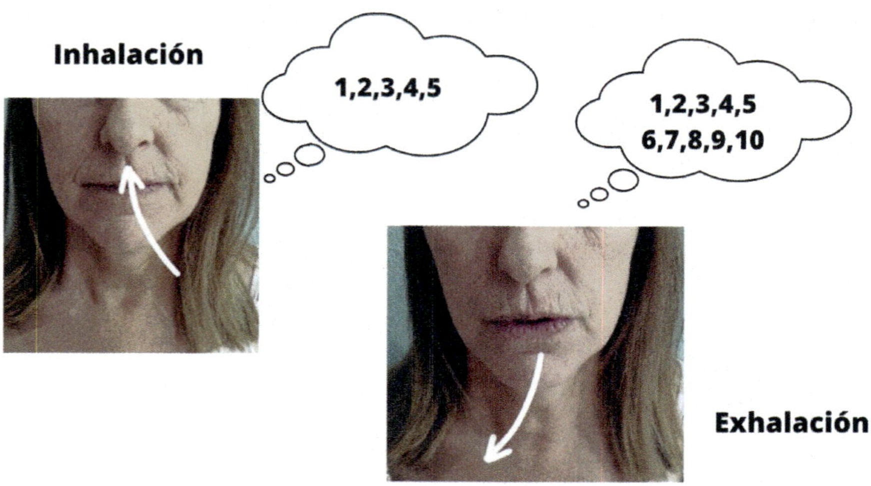


**Imagen 9.** *Respiración por conteo.*

### *Técnicas conductuales*

*Exposición*

Muchas veces cuando ocurre una catástrofe o una emergencia hay personas que pueden llegar a desarrollar una fobia a elementos del entorno natural (por ejemplo a tormentas si anteriormente ha sufrido las consecuencias de un huracán), a una situación (viajar en coche si se ha visto implicada en algún accidente de tráfico), etc.

La exposición es un procedimiento terapéutico empleado para tratar los trastornos de ansiedad, entre ellos las fobias. El objetivo de la técnica es que el paciente se enfrente al objeto, contexto o pensamiento temido con el fin de ayudarle a superar los síntomas de ansiedad que le produce la situación temida.

La eficacia de la exposición se basa en el hecho de que la persona que la utiliza aprende que el estímulo temido al que se enfrenta no supone una amenaza real, provocando ello una reducción y posterior eliminación de los síntomas de ansiedad.

La base de esta técnica es la exposición impidiendo que la persona realice respuestas de evitación o escape de la situación u objeto temido ya que estas conductas lo que hacen es incrementar el miedo y la ansiedad porque la persona no llega a enfrentarse a ellas, pudiendo ver y entender que realmente esos estímulos son inocuos.

Un ejemplo es un individuo que tiene miedo a las tormentas porque anteriormente sufrió las consecuencias de un huracán, cada vez que llueve o hay tormenta esta persona como conducta de escape o de evitación se esconde en la despensa hasta que pase la misma, si se encuentra en la calle se va corriendo a casa a ocultarse y junto a estas conductas aparecen los síntomas típicos de las fobias. Si esta persona empezamos a exponerla a los estímulos de las tormentas, es decir cuando llueve en vez de esconderse hacemos que se quede en la calle mojándose, exposición tras exposición irá viendo que no hay peligro ninguno ante estas y poco a poco irán desapareciendo los síntomas de la fobia porque aprenderá que estos estímulos no tienen consecuencias catastróficas. Si por el contrario el individuo nunca llega a exponerse al estímulo (tormentas) sus síntomas y sus respuestas no le dejarán aprender esa asociación y el trastorno se mantendrá en el tiempo, por lo que se puede concluir que esta técnica ayuda a los sujetos a enfrentarse repetidamente a los estímulos temidos aprendiendo nuevas formas adaptativas de responder y reducir su ansiedad.

*Tipos de exposición*

a. *Exposición en vivo.* Según autores como Antony et al. (2004), la exposición en vivo es el procedimiento de intervención más eficaz y efectivo para tratar las fobias específicas.

   Esta técnica consiste en establecer de forma directa contacto con la situación o estímulo temido, se puede realizar de forma gradual (dividiendo esta exposición en pasos) o total (establecer contacto con el estímulo en su totalidad).

   El individuo ha de mantener el contacto con el estímulo o situación ansiógena pese a sufrir elevación de la ansiedad. La eficacia de esta técnica reside en no abandonar la situación. Si la ansiedad es tan elevada que el individuo manifiesta que no puede soportarla puede utilizar estrategias como la relajación o incluso abandonar la situación unos minutos y luego volver a ella en unos minutos, de no ser así este abandono puede ser contraproducente.

b. *Exposición en imaginación.* Hay muchas veces que la exposición en vivo resulta difícil dado que el elemento fóbico no se encuentra fácilmente accesible (tormentas, huracanes...). En estos casos lo que se suele utilizar es la exposición en imaginación.

   Esta técnica permite realizar una aproximación en imaginación de forma gradual desde la visualización, para ello primero se debe entrenar al individuo en imaginación para que sea capaz de llevar a la mente fácilmente aquello que se le va narrando, después se realizará una jerarquía de aquellas escenas que menos malestar producen para que la persona las vaya visualizando de forma realista en su mente hasta que su ansiedad disminuya. Se continúa progresando por el resto de la jerarquía de menos a más ítems que produzca ansiedad, así hasta llegar al último ítem y que la ansiedad de la persona haya disminuido.

*Recuperación del funcionamiento*

Una vez pasado unos días o semanas, es importante que el afectado vaya recuperando su funcionabilidad es decir, su actividad del día a día (vida familiar, laboral, etc.) para ello debemos ayudarle en los siguientes *aspectos:*

- Planificar tareas y actividades de su día a día a corto plazo (ejemplo: salir a comprar, pasear por su barrio,...).

- Si emocionalmente se encuentra muy afectado deberá estar acompañado de algún familiar o amigos.
- Promover un funcionamiento independiente, aunque al principio necesite la presencia de algún familiar o amigo para realizar tareas o actividades es imprescindible que esta figura vaya alejándose poco a poco dándole espacio al afectado para que vaya realizando esas tareas/actividades por sí solo.

### *Técnicas cognitivas*

Estas *técnicas* ayudan a la persona a tomar conciencia sobre los pensamientos negativos e intrusivos que tiene y que suelen influir en sus emociones y conductas. El objetivo es modificar los factores cognitivos para así evitar este tipo de pensamientos. A continuación se detallan algunas de ellas:

#### *Proyección temporal*

La proyección temporal o salto en el tiempo consiste en que cuando a la persona le venga una imagen o recuerdo con alto contenido emocional, deberá imaginar que esa imagen o recuerdo se está produciendo en un momento temporal distinto, tres días, un mes o dos años después por ejemplo.

#### *Técnica de conceptualización alternativa*

Con la ayuda del profesional se tendrá que buscar activamente interpretaciones distintas a las realizadas por la persona en un primer momento, buscando alternativas más adaptativas a estas interpretaciones.

*Ejemplo:* Una persona que ha perdido su casa por culpa de un tornado la primera interpretación que da a ello y que le genera malestar es pensar que *todo lo malo le pasa a ella, que es culpa suya, que nunca tiene suerte, etc.* Ante esto hay que buscar otras alternativas más plausibles como puede ser *estamos en épocas de lluvias y es factible que ocurra esto, muchas personas como yo han perdido sus hogares, no es culpa de nadie.*

#### *Parada de imágenes*

Esta técnica se suele utilizar cuando el individuo manifiesta que no puede parar de pensar, recordar o de imaginar situaciones que le generan malestar.

Ante ello se le debe instar a la persona a que realice un grito fuerte (ya sea en imaginación o verbalmente) para interrumpir el curso de la imaginación. Una vez el sujeto sea capaz de poder parar ese pensamiento, recuerdo o imagen puede imaginar o recordar una escena agradable para evitar la aparición de imágenes y recuerdos molestos.

*Repetición continuada*

Aplicaremos esta técnica cuando la persona nos informe que tiene dificultades para poder impedir el curso de imágenes, recuerdos o pensamientos que le provocan disforia. Para ello le pediremos que rememore y repita una y otra vez ese pensamiento, imagen o recuerdo en su imaginación hasta que disminuya el malestar.

***Técnicas emotivas***

El objetivo de estas técnicas consiste en ocasionar un estado emocional diferente e incompatible al que está sintiendo la persona en ese momento con el fin de que aprenda a modularlo. Dentro de estas *técnicas* podemos encontrar:

*Inducción de auto-compasión*

Esta técnica se utilizará en aquellos casos en que las personas son incapaces de llorar pese a tener ganas de hacerlo. Se le pedirá a la persona que describa sus sentimientos, una vez acontecido esto el profesional tendrá que describir un ejemplo de otra persona la cual sienta lo mismo, la persona afectada al sentirse identificada puede llevar a convertir la compasión que siente por el otro en auto-compasión y sacar la angustia que tiene contenida.

*Distracción externa*

Cuando el sujeto se encuentre muy afligido emocionalmente debemos instarle a que se distraiga con algo ajeno a sus pensamientos y recuerdos, por ejemplo podemos sugerirle que vaya al cine, que llame a los amigos, que lea un libro... Estas conductas ayudarán aliviar los sentimientos de tristeza y ansiedad.

*Hablar de los sentimientos*

Muchas veces cuando la persona siente gran malestar tiende a refugiarse en su casa y a aislarse socialmente, por ello para reducir el sentimiento de malestar emocional es importante que hable de sus sentimientos de forma limitada con las personas de su alrededor, es decir se le indica que tiene 30 minutos al día (por ejemplo) para poder hablar de sus sentimientos y poder *desahogarse* con su red de apoyo.

***Dinámicas de grupo***

Las dinámicas de grupos son actividades que se realizan de forma colectiva con el objetivo de promover la integración y afianzar la confianza entre personas que están pasando por un proceso de malestar físico o psicológico similar, con el fin de modificar conductas y mejorar las relaciones interpersonales.

El grupo ha de estar compuesto entre cinco a doce personas y el profesional será el guía-mediador del grupo.

***Ejemplo de técnicas***

*Conocimiento y autoconocimiento*

Estas dinámicas se aplican para que los componentes del grupo puedan conocerse mutuamente y así poder establecer cercanía y confianza. El objetivo es conocer a los otros, ver sus personalidades, empatizar con su problemática y así poder sentirse arropado por el grupo y observa que no está solo en el problema sino que cuenta con un conjunto de personas con las que comparte espacio emocional.

*Dinámica de comunicación*

Con esta técnica el objetivo es mejorar las habilidades sociales de los participantes del grupo. Con esta dinámica se pretende promover la escucha activa y la asertividad (decir lo que se desea), también se pone en práctica el lenguaje corporal.

*Role-playing*

El role playing o juego de roles es una técnica donde los participantes se convierten en actores, el terapeuta expondrá una situación determinada y los partícipes deben ponerse en la piel de las otras personas e interpretar un papel. El objetivo de esta técnica es comprobar o refutar las hipótesis planteadas desde otro punto de vista.

*Técnica de distensión*

Esta técnica se suele aplicar sobre todo en población infantil con el objetivo de soltar tensiones a través de actividades como la risa, el baile, el canto, juegos como el pilla-pilla, etc.

### *Técnicas de intervención en el duelo*

Los supervivientes a una catástrofe pueden atravesar una etapa llamada *duelo*, duelo por la pérdida de un ser querido, de bienes materiales o porque la tragedia le ha cambiado el modo de vida que anteriormente tenia. El duelo suele ser una etapa normal que cualquier individuo puede sufrir en algún momento de su vida, pero hay que distinguir un duelo normal de un duelo patológico, el duelo patológico se prolonga en el tiempo y los síntomas suelen ser mucho más acusados, ante este tipo de duelo se debe de intervenir lo antes posible para poder evitar posibles trastornos mentales.

*Asesoramiento*

Esta técnica consiste en acompañar al doliente por las diferentes etapas del duelo que va atravesando, concediéndole el tiempo que necesite y prestando especial atención a emociones como puede ser la culpa, el enfado, el autorreproche, etc. Nuestra labor es hacerle ver que esas emociones son normales tras cualquier tipo de perdida.

Hay que trasladar a la persona que no debe evitar el dolor, ni reprimir sus emociones. Es sustancial que las exprese y que acepte el apoyo de amigos y familiares. Posteriormente iremos apoyando el proceso de adquisición de habilidades de afrontamiento para asumir los cambios que han aparecido tras la pérdida.

*La despedida*

En muchas ocasiones el duelo se suele complicar porque la persona afectada se ha visto sobrecogida por la pérdida, sin tiempo a adaptarse a ella o a despedirse, para ello le ofreceremos a la persona un espacio donde pueda despedirse, podemos incitar a que lo haga verbalmente mediante la técnica de role-playing (aquí la persona tendrá unos minutos para poder imaginar que el terapeuta es la persona o bien perdido y tendrá que despedirse de ello), mediante el escrito de una carta o mediante la técnica de la silla vacía (situaremos delante de la persona una silla vacía y se imaginará que es el ser querido ausente o el bien perdido y deberá realizar un monólogo con él durante unos minutos). Estas técnicas son muy importantes para poder elaborar adecuadamente el duelo.

# 5. ACOMPAÑAMIENTO PSICOSOCIAL

Entre los múltiples desafíos que plantean las situaciones de emergencia, diseñar los planes e instrumentos necesarios para garantizar la salud mental de la población es una prioridad estratégica a corto, largo y medio plazo.

El acompañamiento psicosocial es el conjunto de procesos que mitigan o favorecen la recuperación de los daños psicosociales, sufrimiento emocional e impactos a la integridad psicológica de la persona.

La atención psicosocial se encuentra mediada por elementos técnicos y logísticos donde intervienen elementos institucionales siendo importante para el sistema de salud atenuar futuros trastornos mentales.

Ante situaciones de emergencia o desastres hay un equipo interdisciplinar (médicos, enfermeros, psicólogos, trabajadores sociales, auxiliares, etc.) que intervienen conjuntamente procurando una primera ayuda de calidad. Por ello es importante la colaboración entre los expertos de cada materia, ya que de ello dependerá el bienestar de los afectados.

Atendiendo a la intervención psicosocial es probable que haya un grupo de trabajo formado por un coordinador y varios psicólogos, además en estas ocasiones la ayuda de voluntarios incrementa notablemente. Un voluntario es aquel que de forma desinteresada decide prestar ayudar a los demás.

Las *funciones del equipo psicosocial* sobre el terreno son:

- Asegurar la vida de los damnificados y la de uno mismo y compañeros.
- Ofrecer apoyo psicológico a quien lo requiera en ese momento.

- Organizar a los afectados ordenando los casos en función de la gravedad.
- Mantener informados tanto a los damnificados como a quienes deben tomar decisiones sobre la situación.

# 6. CUIDARSE A UNO MISMO PARA CUIDAR A LOS DEMÁS

Cuando se aplica la primera ayuda psicológica es importante hacerlo de forma responsable cuidando no solo el bienestar de la persona afectada sino también nuestra propia salud y bienestar, ya que puede verse comprometido nuestra propia salud mental por las experiencias ante situaciones de emergencia. Por ello es imprescindible prestar atención al propio bienestar asegurándonos que estamos capacitados tanto física como emocionalmente para poder ayudar a los demás.

Hay que cuidarse para procurar que lo demás esté en condiciones adecuadas y si pertenecemos a un grupo de trabajo también hay que preocuparse por el bienestar de los compañeros.

Tener acceso a información, formación y conciencia acerca de las señales y efectos del estrés en los trabajadores humanitarios debe ser primordial para poder aplicar los PAP, ya que hay reacciones naturales, que pueden convertirse en reacciones desadaptativas derivando ello en problemas de salud, cuando el individuo se enfrenta a situaciones como muertes traumáticas, situaciones que amenazan la integridad de uno mismo y la de los demás, vivencia excesiva del acontecimiento traumático, etc.

La falta de información o de compresión de lo que está sucediendo puede causar ansiedad o miedo lo que conduce a pensamientos irracionales y a la necesidad de culparse a uno mismo. Ante una situación de emergencia o catástrofe el organismo puede responder de forma desadaptativa en su intento de superar la situación provocando en el individuo síntomas físicos y/o psicológicos como respuesta al estrés.

Estos *síntomas* pueden ser:

**Figura 9.** *Síntomas frecuentes en profesionales. Fuente: Elaboración propia.*

Hay factores de riesgo que pueden influir en la eficiencia del equipo de trabajo o del profesional que aplica los PAP y que favorecen la aparición de problemas psicosociales, estos *factores* son:

- *Factores individuales:*
  - Enfermedades crónicas.
  - Enfermedades mentales.
  - Estrés.
  - Edad (cuanto más joven más probabilidad de sufrir problemas psicosociales).
  - Pérdidas personales.
- *Factores interpersonales:*
  - Sobrecarga laboral.
  - Tiempo excesivo en la zona conflictiva.
  - Duración de la emergencia o catástrofe.
  - Grado de incertidumbre o falta de información sobre lo acontecido.

Unas de las emociones principales que solemos sufrir los seres humanos ante cualquier circunstancia o estímulo que no es de nuestro entorno natural es el *miedo*, el cual es una emoción primaria que con el paso del tiempo o con pensamientos irracionales se puede convertir en patológico.

*¿Qué hacer cuando sentimos miedo?*

- Reconocer lo que estamos sintiendo.
- Estar activos.
- Evitar el aislamiento.
- Compartir lo que se siente con alguien más.
- Ayudarse de la red de apoyo.
- Buscar ayuda psicológica si es necesario.

*¿Cómo cuidar de uno mismo?*

Para cuidar de uno mismo es importante realizar *actividades preventivas* como:

- Definir perfiles de trabajo y asignar a cada persona una labor en función de su perfil, esto se debe realizar después de un proceso de evaluación de la salud mental.
- Incluir formaciones de autocuidado, de tolerancia a la frustración, etc.
- Ofrecer lugares y tiempos de respiro para proteger la salud mental y evitar el burnout.
- Ofrecer asesoramiento telefónico y asistencia psicológica en el caso de lo que requieran.
- Ofrecer reuniones de equipo con el fin de ventilar emociones y sentimientos conjuntamente.

A continuación se presentan *actividades para el cuidado personal* una vez se instaure la normalidad:

- Regresar a la rutina lo antes posible.
- Realizar ejercicio físico y llevar una vida saludable.
- Buscar compañía y hablar con la red de apoyo.
- Descansar.
- No evitar el sufrimiento a través de la toma de alcohol o drogas.
- Reflexionar y hablar sobre la experiencia vivida dándole un valor positivo para la persona.
- Validad los propios sentimientos y emociones.

*Ejemplo de acciones que pueden contribuir al cuidado de salud mental*

**Figura 10.** *Acciones para el autocuidado.*

*Burnout en el profesional*

Como se ha citado anteriormente el *agotamiento* es el principal componente de este trastorno. El agotamiento tiene como característica principal una fatiga física, emocional y mental profunda que interfiere en la capacidad de trabajar.

El burnout suele ocurrir por constantes y elevadas demandas, por una gran presión de tiempo y de productividad, por tener muchas labores que atender y por percibir que hay una gran dificultad para realizar las tareas provocando esto el no poder disfrutar la tarea que se realiza.

Este trastorno puede traer distintas *consecuencias* a la salud física y psicológica por el estrés crónico en el que se encuentra el cuerpo del individuo:

- *Técnicas para superar el burnout.* Es importante realizar cambios en el estilo de vida. El tratamiento puede variar según la persona ya que debe de ser lo más individualizado posible.
- *Técnicas que se proponen:*
  - *Terapia cognitivo – conductual:* Esta terapia ayudará a identificar los comportamientos que conllevan al síndrome de burnout para así abordarlo de forma eficaz. Una vez identificados los comportamientos pro-

blemáticos que mantienen dicho trastorno, el objetivo será eliminarlos o sustituirlos por otros más adaptativos.

- *Técnicas de relajación:* Es importante manejar el estrés de forma activa, y procurar un estado de activación que no sea excesivamente elevado por mucho tiempo. Se puede utilizar técnicas como la respiración, meditación, yoga, etc.
- *Modificación de hábitos:* Se incluye modificación de la alimentación por una más saludable, realizar ejercicio físico de forma regular, dormir al menos 8 horas diarias, realizar deporte al menos 3 días a la semana, etc.
- *Socializar:* Es importante mantener contacto con amigos y familiares, apoyarse en el círculo social.
- *Auto-cuidado:* Es básico el cuidado personal, hay que poner límites entre el trabajo y el tiempo libre. Dedicar al menos una hora del día a realizar actividades placenteras.
- *Apoyo emocional:* Busca apoyo emocional para poder compartir sentimientos y aliviar el estrés encontrando perspectivas diferentes en el grupo social.

El autocuidado es la capacidad para promover la propia salud física y emocional a través del uso de estrategias simples y eficaces que la propia persona lleva cabo con el objetivo prevenir o hacer frente a las enfermedades. Algunas de estas *estrategias* son:

*Regulación emocional*

Llamamos regulación emocional a la habilidad para manejar de forma eficaz las emociones. Para ello hay que tomar conciencia de la relación que existe entre cognición, emoción y comportamiento viendo como estos componentes de relacionan conjuntamente influyéndose mutuamente. Para una adecuada *regulación emocional* es importante que la persona posea:

- *Adecuada expresión emocional:* Habilidad para comprender los elementos que forman la expresión emocional así como el hecho de entender que el estado emocional interno no tiene porqué corresponder con la expresión externa, es decir una persona puede sentirse triste y tener una expresión facial de felicidad.

- *Regulación de emociones y sentimientos:* Consiste en aceptar los sentimientos y emociones para así poder ser autoregulados. Por ejemplo una persona que está enfadada si es capaz de entender y aceptar que está enojada será capaz de realizar ciertas estrategias (desvío de la atención, realización de otras actividades,...) para regular esa emoción.
- *Habilidades de afrontamiento:* Estas habilidades hacen referencia a la capacidad cognitiva y conductual del individuo para dar respuestas a situaciones adversas (Lazarus et al. 1986). Con estas destrezas la persona hará frente a situaciones que le generan conflicto enfrentándose a ellas de forma activa y eficaz.
- *Generar emociones positivas:* Es la capacidad para generar de forma voluntaria emociones positivas como puede ser el amor, humor, alegría, etc. relegando las emociones negativas a un segundo lugar.

Es importante para una correcta regulación emocional no prohibirse sentir emociones negativas como puede ser la tristeza, el llanto, etc. Sentir estas emociones es válido y nos permitirá *ventilar* esos sentimientos ya que cuando negamos estamos reprimiendo esas emociones y esto afectará negativamente a nuestro equilibrio mental y por lo tanto a nuestra salud física.

*Mindfullness*

Esta técnica tan extendida actualmente ha sido definida como *atención plena o conciencia plena.*

El mindfulness permite observar lo que está ocurriendo mientras está sucediendo, es decir permite traer al presente lo que pensamos o sentimos, aceptar sin juzgar la experiencia actual ya sea positiva o negativa. Quedarse solo con lo que experimentamos sin agregar nada más, esto es lo que la práctica de mindfulness promueve.

*Prestar atención de manera intencional al momento presente, sin juzgar.*

Este tipo de atención consciente va a permitir relacionarse de forma directa con aquello que está sucediendo, centrarse en el aquí y ahora, en el momento presente. Permite tomar conciencia de la realidad ofreciendo un acercamiento al estrés, al dolor, a la pérdida, etc.

El mindfullness permite recuperar el equilibrio interno del individuo, atendiendo de forma integral a todos los aspectos de la persona: físico, emocional, social y cognitivo a la vez que permite vivir de forma plena el presente.

Los *objetivos* de esta práctica son:

- *Aumento de la imparcialidad mediante la observación.* No se permite emitir opiniones, ni juzgar, solamente dejarse fluir y observar lo que acontece en nuestro interior. Hay que ser espectadores del presente.
- *Aceptación personal:* Consiste en aceptar como uno es, lo que siente, como se comporta, sus cualidades y defectos. No juzgarse a sí mismo.

A continuación se proponen unos *ejercicios* para poder practicar el mindfullness.

*Desayunar de forma consciente*

El desayuno es una de las comidas más importantes del día, por ello prepárate un buen desayuno y dedícate unos minutos a sentir lo que comes, saborea el sabor del café lentamente, focaliza la atención en su olor, su textura, su temperatura, su sabor, etc. Realiza este ejercicio sin pensar si está bueno o malo, caliente o frío... solamente observa las cualidades del café gracias a tus sentidos. Si te acecha algún pensamiento al respecto no lo reprimas simplemente déjalo pasar por tu mente sin darle más importancia. Este ejercicio se puede realizar con cualquier otro alimento.

*Camina de forma consciente*

Puedes salir a caminar, camino al trabajo o de vuelta a casa practicar este ejercicio. Camina tranquilamente centrando toda tu atención en tu respiración, en los sonidos que escuchas fuera, en el olor del ambiente, en como caminan tus pies, etc. Deja que todo fluya, que pase, solamente observa lo que ocurre a tu alrededor.

*Antes de dormir*

Antes de disponerte a dormir busca un lugar tranquilo, donde puedas sentarte o tumbarte. Una vez estés cómodo piensa en tu lugar favorito, y céntrate en las sensaciones que sentías cuando estabas allí.

*En la ducha*

El mindfullnes tiene como peculiaridad que se puede practicar en cualquier lugar siempre y cuando la persona esté dispuesta a practicarlo, la ducha es un buen lugar para ello. Cuando vayas a ducharte y enciendas el grifo pon toda la atención en el agua, en su temperatura, en cómo el agua cae en tu cabeza, por tus hombros, por tus brazos, etc. Pon conciencia plena en lo que te hace sentir cada gota.

Una vez se tenga controlada dicha técnica es aconsejable aumentar el nivel de complejidad mental para obtener mejores resultados, para ello mostramos unos *pasos:*

**Imagen 10.** *Mindfullnes.*

***Técnicas grupales***

Las siguientes *técnicas* se utilizarán con el grupo de trabajo que aplican la primera ayuda psicológica cuando el coordinador del grupo lo considere oportuno o cuando los integrantes lo soliciten:

*Técnica del informe*

Esta técnica es muy importante aplicarla antes de que las personas que practican la PAP pasen a la acción, durante esta técnica se realizarán grupos de trabajo donde se distribuirán las labores a cada uno de los integrantes. Lo primero es dedicar un tiempo a ofrecer toda la información de lo acontecido dando tiempo a solventar dudas al respecto. Hay que ofrecer la mayor información posible, así como las dificultades y apoyos que se van a encontrar durante el desarrollo de sus labores.

*Desactivación*

Esta técnica se aplicará después del incidente o cuando las personas hayan regresado a su día a día. El propósito es realizar grupos de desahogo personal con el fin de ofrecer ayuda, información y un lugar donde obtengan soporte emocional, permitiendo la ventilación de los sentimientos.

# 7. BIBLIOGRAFÍA


- Antony, M. y Barlow, D. (2004). *Specific phobias*. En: D. Barlow (Ed.), Anxiety and its disorders: the nature and treatment of anxiety and panic. Guilford Press.
- Ávila, M. M., & de la Rubia, J. M. (2013). *El significado psicológico de las cinco fases del duelo propuestas por Kübler-Ross mediante las redes semánticas naturales*. Psicooncología, 10(1): 109.
- Clasificación Internacional de Enfermedades, décima versión (CIE - 10) (s.f). http://ais.paho.org/classifications/Chapters/
- Díaz García, M. I. Ruiz Fernández, M. D. L. Á. & Villalobos Crespo, A. (2017). *Manual de técnicas y terapias cognitivo conductuales*. Editorial Desclée de Brouwer.
- El Proyecto Esfera (2011). *Carta humanitaria y normas mínimas para la respuesta humanitaria*. Ginebra: El Proyecto Esfera. http://www.sphere-project.org
- Flannery, R. B., & Everly, G. S. (2000). *Crisis intervention: A review.* International Journal of Emergency Mental Health, 2(2), 119-126.
- Gala León, F. J., Lupiani Jiménez, M., Raja Hernández, R., Guillén Gestoso, C., González Infante, J. M., Villaverde Gutiérrez, M., & Alba Sánchez, I. (2002). *Actitudes psicológicas ante la muerte y el duelo: Una revisión conceptual.* Cuadernos de medicina forense, (30), 39-50.
- Hobfoll, S. E., Watson, P., Bell, C. C., Bryant, R. A., Brymer, M. J., Friedman, M. J., & Ursano, R. J. (2007). *Five essential elements of im-*

*mediate and mid–term mass trauma intervention*: Empirical evidence. Psychiatry, 70(4), 283-315.

- Labrador, F. J., Labrador Encinas, F. J., Cruzado Rodríguez, J. A., & Muñoz López, M. (2001). *Manual de técnicas de modificación y terapia de conducta*. Madrid, Ediciones Pirámide.
- Lazarus, R., y Folkman, S. (1986). *Estrés y procesos cognitivos: evaluación, afrontamiento y consecuencias adaptativas*. Martínez Roca.
- López, A. B. (2008). *La intervención psicológica: características y modelos*. Universidad de Barcelona, 1-48.
- Marcuello García, Á. A. (2006). *Intervención psicológica inmediata en catástrofes*. www. psicologia-online. com/artículos, 4(11): 2010.
- Morrison, J. (2015). *DSM-5: guía para el diagnóstico clínico*. Editorial El Manual Moderno.
- Nevado, M., & González, J. (2017). *Acompañar en el duelo*. Bilbao: Desclée De Brouwer.
- Núñez Fernández, S. (2022). *Técnicas de apoyo psicológico y social en situaciones de crisis*. SANT0108. 1. IC Editorial.
- Olivares Rodríguez, J. (2014). *Técnicas de modificación de conducta*. Biblioteca Nueva.
- Organización Mundial de la Salud, War Trauma Foundation,& Visión Mundial Internacional. (2012). *Primera ayuda psicológica: Guía para trabajadores de campo*. Ginebra: OMS.
- Saborío Morales, L., & Hidalgo Murillo, L. F. (2015). *Síndrome de burnout*. Medicina Legal de Costa Rica, 32(1), 119-124.
- Slaikeu, K. (1996). *Intervención en crisis*. (2ª ed.) México: Manual Moderno.
- Osorio-Guzmán, M., Prado-Romero, C., & Bazán-Riverón, G. E. (2021). *Burnout y afrontamiento en profesionales de la salud*. Psicología y Salud, 31(2): 267-274.